Retrato do colonizado
precedido de
Retrato do colonizador

Albert Memmi

Retrato do colonizado precedido de Retrato do colonizador

PREFÁCIO DE
Jean-Paul Sartre

TRADUÇÃO DE
Marcelo Jacques de Moraes

5ª edição

Rio de Janeiro
2024

Copyright © Editions Gallimard, 1985

TÍTULO ORIGINAL
Portrait du colonisé précédé de Portrait du colonisateur

CAPA
Evelyn Grumach sobre foto Lord e Lady Mountbatten, 1947
© *Bettmann / Corbis / Latinstock*

PROJETO GRÁFICO
Evelyn Grumach e João de Souza Leite

CIP-BRASIL. CATALOGAÇÃO NA PUBLICAÇÃO
SINDICATO NACIONAL DOS EDITORES DE LIVROS, RJ

A671r 5ª ed.	Memmi, Albert, 1920-2020 Retrato do colonizado precedido de Retrato do colonizador / Albert Memmi; [prefácio de Jean-Paul Sartre]; tradução de Marcelo Jacques de Moraes. – 5ª ed. – Rio de Janeiro: Civilização Brasileira, 2024.

Tradução de: *Portrait du colonisé précédé de Portrait du colonisateur*

ISBN 978-85-200-0770-9

1. Colonização – Aspecto psicológicos. 2 Nativos – Psicologia I. Título. II. Título: Retrato do colonizador.

06-4643

CDD: 325.3019
CDU: 325.3.000.159

EDITORA AFILIADA

Todos os direitos reservados. Proibida a reprodução, armazenamento ou transmissão de partes deste livro, através de quaisquer meios, sem prévia autorização por escrito.

Direitos desta edição adquiridos
EDITORA CIVILIZAÇÃO BRASILEIRA
Um selo da
EDITORA JOSÉ OLYMPIO
Rua Argentina 171 – 20921-380 – Rio de Janeiro, RJ – Tel.: (21) 2585-2000

Seja um leitor preferencial Record.
Cadastre-se no site www.record.com.br e receba informações sobre nossos lançamentos e nossas promoções.

Atendimento e venda direta ao leitor:
sac@record.com.br

Impresso no Brasil
2024

Sumário

NOTA DO EDITOR À EDIÇÃO DE 1961   7

PREFÁCIO DO AUTOR À EDIÇÃO DE 1966   *11*

PREFÁCIO DE JEAN-PAUL SARTRE   *25*

PARTE 1 Retrato do colonizador   *33*
1. Existe o colonial?   *35*
2. O colonizador que recusa a si mesmo   *53*
3. O colonizador que aceita a si mesmo   *81*

PARTE 2 Retrato do colonizado   *113*
1. Retrato mítico do colonizado   *115*
2. Situação do colonizado   *129*
3. As duas respostas do colonizado   *159*

CONCLUSÃO   *183*

Nota do editor à edição de 1961

O destino deste livro foi singular. Escrito antes da Guerra da Argélia,[1] descrevia com precisão a fisionomia e o comportamento do colonizador e do colonizado, bem como o drama que os ligava um ao outro. Da pintura rigorosa desse duo, concluía que não havia saída para a colonização, a não ser sua ruptura e a independência dos colonizados. Como os espíritos ainda não estavam preparados para essa solução radical, a tese pareceu delirante, até mesmo à esquerda. Um grande semanário parisiense, que depois evoluiria bastante no tratamento do tema, notava com temor: "É bom que os líderes dos povos colonizados sejam homens de ação e não filósofos. Bourguiba, Mohammed V, Houphouët-Boigny, Allal el Fassi sustentam um outro discurso e têm, a respeito dos interesses de seus povos, outra concepção."

Em seguida, os acontecimentos se precipitaram, na Argélia, na África Negra e em outros lugares. E tudo o que Memmi havia descrito e previsto revelou-se exato; inclusive as breves e densas páginas do final, nas quais anunciava

---

[1] Os primeiros trechos foram publicados nas revistas *Les Temps Modernes* e *Esprit* em 1956.

as primeiras prováveis reações dos colonizados assim que a independência fosse obtida. Pouco a pouco, adquiriu-se o hábito de, mais ou menos abertamente, aludir a este texto, que serviu de modelo ou ponto de partida para dezenas de outros. Para todos aqueles que queriam compreender as relações entre o colonizador e o colonizado, tornou-se uma espécie de clássico.

Hoje ele é comentado em várias faculdades, particularmente nas universidades negras. Léopold Sédar Senghor, presidente da República do Senegal e reputado poeta, escreveu: "O livro de Albert Memmi constituirá um documento a que os historiadores da colonização terão que se referir..." E Alioune Diop, presidente da Sociedade Africana de Cultura: "Consideramos que este *Retrato* é a melhor das obras conhecidas sobre a psicologia colonial." E leremos, enfim, o prefácio em que Jean-Paul Sartre afirma que, neste livro, "tudo é dito".

Se o leitor tiver o cuidado de complementar a leitura do *Retrato do colonizado* com a de *O homem dominado*,* poderá ver que, além de tudo, Memmi revelou definitivamente os mecanismos comuns à maior parte das opressões, em qualquer lugar do mundo. Em meio à diversidade das experiências vividas, os mesmos temas, com efeito, retornam, as mesmas atitudes e os mesmos comportamentos: "Como homem de cor que viveu a experiência racial nos Estados Unidos", escreveu-lhe um escritor americano, "é fácil para mim identificar-me com o colonizado. Reconheço também, sem dificuldade, o

---

*Trata-se de um outro ensaio de Memmi, publicado em 1968: *L'Homme dominé* (*Le Colonisé, le Juif, le Noir, la Femme, le Domestiqe, le Racisme*). (N. do T.)

paralelismo entre a mentalidade do colonizador e a atitude racista dos brancos de meu país..." E é essa definitivamente a verdadeira originalidade histórica desta obra: para além da justeza dos diferentes traços que compõem as fisionomias do colonizador e do colonizado, o mérito do autor é ter mostrado a coerência de cada figura, assim como a necessidade da relação que acorrenta um ao outro os dois parceiros de toda opressão: "A colonização fabrica colonizados assim como fabrica colonizadores."

Prefácio do autor à edição de 1966

Eu mentiria se dissesse que tinha visto desde o início toda a significação deste livro. Primeiramente escrevi um romance, *A estátua de sal*, que contava uma vida, a de um personagem piloto, para tentar me guiar em minha própria vida. Mas como, ao contrário, uma vida de homem realizada na África do Norte da época se afigurou para mim como uma impossibilidade, fui levado a tentar uma saída no casamento misto. Foi *Agar*, que terminava por um outro fracasso. Eu depositava então grandes esperanças no casal, que ainda me parece ser uma das mais sólidas felicidades do homem; talvez a única verdadeira solução para a solidão. Mas eu acabava também de descobrir que o casal não é uma célula isolada, um oásis de frescor e de esquecimento no meio do mundo; o mundo inteiro, ao contrário, estava no casal. Ora, para meus desafortunados heróis, o mundo era o da colonização; e se eu quisesse compreender o fracasso da aventura deles, a de um casal misto na colônia, era preciso compreender o colonizador e o colonizado, e talvez até mesmo toda a relação e a situação colonial. Tudo isso me arrastava para bem longe de mim mesmo e de minhas dificuldades de vida; mas a explicação sempre recuava, e sem saber ainda aonde eu iria chegar, e sem a pretensão de delimitar uma condição tão complexa, era preciso ao menos encontrar um termo para minha angústia.

Eu também mentiria, portanto, se pretendesse que este *Retrato* que acabei traçando de uma das opressões maiores de nosso tempo visasse a pintar primeiramente o oprimido em geral. Um dia certamente acabarei fazendo esse retrato geral do oprimido. Mas, justamente, eu desejaria que ele fosse realmente geral; isto é, um retrato-síntese, por sobreposição de vários inventários concretos, de vários retratos particulares de diferentes oprimidos. Parece-me que um retrato do oprimido em geral supõe todos os outros; não os prefigura, como crêem certos filósofos, que consideram suas construções criações ideais de seu espírito, com as quais chegariam ao controle do real, ao passo que são apenas, na maioria dos casos, estilizações não confessas do real.

Em todo caso, eu não tinha a intenção, na época, de retratar todos os oprimidos, nem mesmo todos os colonizados. Eu era tunisiano e, portanto, colonizado. Estava descobrindo que poucos aspectos da minha vida e da minha personalidade não tinham sido afetados por esse dado. Não apenas meu pensamento, minhas próprias paixões e meu comportamento, como também o comportamento dos outros em relação a mim. Jovem estudante chegando à Sorbonne pela primeira vez, fui inquietado por rumores: "Tinha eu o direito, como tunisiano, de me preparar para o concurso de professor universitário de filosofia?" Fui ver o presidente da banca: "Não é um direito", explicou-me... "é um voto." Ele hesitou, como um jurista que procurava as palavras exatas: "Digamos que é um voto colonial." Ainda não compreendi o que isso de fato significava, mas nada mais pude tirar dele, e é possível imaginar com que tranqüilidade de alma trabalhei depois. Em suma, realizei este inventário sobre a condição do colonizado primeiramente para compreender a mim mesmo e identificar meu lugar entre os outros homens. Foram meus leitores, que estavam longe de ser todos tunisianos, que me convenceram mais tarde de que este retrato era também o deles. Foram as viagens, as conversas, as confrontações e as leituras que confirmaram, à medida que eu avançava, que o que eu tinha descrito era o quinhão de uma multidão de homens através do mundo.

Eu estava assim descobrindo, em suma, que todos os colonizados se pareciam; e deveria em seguida constatar que todos os oprimidos se pareciam em alguma medida. Mas eu ainda não tinha chegado lá e, tanto por prudência quanto por ter então outras preocupações, preferi adiar a conclusão que hoje considero inegável. Pois tantas pessoas diferentes se reconheciam neste retrato que eu não podia mais pretender que fosse unicamente o meu, ou apenas o do colonizado tunisiano ou até mesmo norte-africano. Um pouco em toda parte, relatavam-me, as polícias coloniais apreendiam os livros nas células dos militantes colonizados. Estou persuadido de que eu não lhes trazia nada de diferente daquilo que já sabiam, que já tinham vivido. Reconhecendo, porém, suas próprias emoções, suas revoltas e suas reivindicações, estas lhes apareciam, suponho, mais legítimas. E, sobretudo, a despeito da fidelidade da descrição de nossa experiência comum, o que mais os impressionou talvez tenha sido a coerência que dei a ela. Quando a Guerra da Argélia estava a ponto de explodir, previ para mim mesmo, e depois ousei anunciá-lo, o provável dinamismo dos acontecimentos. A relação colonial, que eu tinha tentado precisar, acorrentava o colonizador e o colonizado em uma espécie de dependência implacável, talhava seus respectivos traços e ditava seus comportamentos. Da mesma maneira que havia uma lógica evidente entre os procedimentos recíprocos dos dois parceiros da colonização, um outro mecanismo, que derivava do anterior, produziria inexoravelmente, achava eu, a decomposição dessa dependência. Os acontecimentos na Argélia confirmaram amplamente esse esquema que com freqüência verifiquei depois, na explosão de outras situações coloniais.

Em todo caso, os inúmeros fatos que eu tinha vivido desde a infância, freqüentemente incoerentes ou contraditórios em aparência, se organizavam em constelações dinâmicas. Como o colonizador podia, ao mesmo tempo, cuidar de seus trabalhadores e metralhar periodicamente uma multidão colonizada? Como o colonizado podia, ao mesmo tempo, se recusar tão cruelmente e se assumir de maneira tão excessiva? Como ele podia ao mesmo tempo detestar o colonizador e admirá-lo apaixonadamente (aquela admiração que, apesar de tudo, eu sentia em mim)? Eu mesmo precisava acima de tudo pôr ordem em meus sentimentos e pensamentos, e adaptar meu comportamento a eles. Por temperamento e por educação, eu precisava, é verdade, fazê-lo com rigor, levando as conseqüências tão longe quanto possível. Se me tivesse detido no caminho, se não tivesse considerado todos os fatos, se não tivesse tentado tornar coerentes entre si todos esses materiais, até tê-los reconstruído como retratos e até que esses retratos tivessem respondido uns aos outros, não teria conseguido me convencer, e teria permanecido insatisfeito, sobretudo comigo mesmo. Mas eu começava a vislumbrar, ao mesmo tempo, a contribuição que poderia constituir, para homens em luta, a descrição simples, mas rigorosa, ordenada, de suas misérias, de sua humilhação e de sua condição objetiva de oprimido. E o quanto podia ser explosiva a revelação, para a consciência clara do colonizado assim como para a do colonizador, de uma situação explosiva por natureza. Como se o desvelamento daquela espécie de fatalidade que marcava seus respectivos itinerários tornasse a luta cada vez mais necessária, e cada vez mais desesperada a ação de retardar o outro. Em suma, o livro me tinha escapado das mãos.

Será que devo confessar que tudo isso me assustou um pouco? Depois dos colonizados explícitos, os argelinos, os marroquinos ou os negros da África, outros homens dominados de uma outra maneira, como alguns sul-americanos, ou os negros americanos, começaram a reconhecer, a reivindicar e a utilizar o livro. Ou últimos em data foram os canadenses franceses,[1] que me deram a honra de acreditar encontrar aqui numerosos esquemas de sua própria alienação. Eu só podia ver isso com espanto, como um pai que vê com uma preocupação mesclada de orgulho seu filho adquirir um renome em que o escândalo se mistura aos aplausos. O que, de fato, não foi de todo benéfico, pois tanto alarido impediu que se vissem várias passagens que me eram muito caras. Como, por exemplo, os desenvolvimentos a respeito do que chamei de

---

[1]Isso não é mais verdade: foram os bascos (1988) e, mais recentemente, os iranianos. (Nota de 2002.)

complexo de Nero; a descrição do *fato colonial* como uma *condição objetiva*, que se impõe aos dois parceiros da colonização; ou o esforço de uma definição do racismo em relação com a dominação de um grupo por outro; ou ainda a análise dos fracassos da esquerda européia e, particularmente, dos partidos comunistas, por terem subestimado o aspecto nacional das libertações coloniais; e principalmente, para além de um esboço que pretendi o mais depurado possível, a importância, a riqueza insubstituível da experiência vivida.

Pois quero continuar a pensar, apesar de tudo, que o que constitui o valor deste empreendimento, ao menos a meus olhos, é sua modéstia, sua particularidade inicial. De maneira que nada neste texto é inventado ou suposto, ou mesmo aventurosamente extrapolado. Trata-se sempre de uma experiência: encerrada em uma forma e estilizada, mas sempre subjacente a cada frase. E se finalmente consenti com esse aspecto geral que ela acabou tomando, foi precisamente por saber que eu poderia, a cada linha, a cada palavra, estabelecer uma correspondência com fatos múltiplos e perfeitamente concretos.

Assim, censuraram-me por não ter construído meus retratos exclusivamente sobre uma estrutura econômica. A noção de *privilégio*, como no entanto repeti com freqüência, está no cerne da relação colonial. Privilégio econômico, sem nenhuma dúvida; e aproveito a ocasião para reafirmá-lo vigorosamente: o aspecto econômico da colonização é para mim fundamental. O livro não se inicia justamente com a denúncia de uma pretensa missão moral ou cultural da colonização e com a demonstração de que a noção de lucro é nela essencial?[2] Não destaquei com freqüência que inúmeras carências do colonizado são o resultado quase direto das vantagens nelas encontradas pelo colonizador? Não vemos ainda hoje algumas descolonizações se efetuarem de maneira tão penosa porque o ex-colonizador não renunciou realmente a seus privilégios, que ele tenta dissimuladamente recuperar? Mas *o privilégio colonial não é unicamente econômico*. Quando observamos o convívio entre o colonizador e o colonizado, logo descobrimos que tanto a humilhação cotidiana do colonizado quanto seu esmagamento objetivo não são apenas econômicos; o triunfo permanente do colonizador não é apenas econômico. O pequeno colonizador, o colonizador pobre, também se considerava, e em um certo sentido realmente o era, superior ao colonizado; objetivamente, e não apenas em sua imaginação. E isso também fazia parte do privilégio colonial. A descoberta marxista da importância da economia em toda relação opressiva não está em causa. Mas essa relação apresenta outros traços, que creio ter descoberto na relação colonial.

Entretanto, dirão ainda: em *última análise*, todos esses fenômenos não se associam a um aspecto econômico mais ou menos oculto? Ou ainda: o aspecto econômico não é o fator primeiro, motor, da colonização? Talvez; mas nem isso é certo. No fundo, não sabemos inteiramente o que o homem é em definitivo, o que é essencial para ele, se é o di-

---

[2] "A colonização é primeiramente uma exploração político-econômica." Acrescentei, porém, que é de uma relação de *povo a povo*, e não de *classe a classe*, que se trata. É isso que constitui, a meu ver, o aspecto *específico* da opressão colonial. (Nota de 1972.)

nheiro ou o sexo, ou o orgulho, se a psicanálise tem razão contra o marxismo, ou se isso depende dos indivíduos e das sociedades. E de toda maneira, antes de chegar a essa análise última, eu quis mostrar toda a complexidade do real vivido pelo colonizado e pelo colonizador. A psicanálise e o marxismo não devem, sob o pretexto de terem descoberto o móbil, ou um dos móbeis fundamentais do comportamento humano, eliminar todo o vivido humano, todos os sentimentos, todos os sofrimentos, todos os desvios de comportamento, para não ver neles outra coisa que não a busca do lucro ou o complexo de Édipo.

Tomarei ainda um exemplo, que provavelmente me desservirá. (Mas é assim que concebo meu papel de escritor: mesmo contra meu próprio personagem.) Este retrato do colonizado, que é, portanto, em muito, o meu, é precedido de um retrato do colonizador. Como então me permiti, diante de tamanha preocupação com a experiência vivida, traçar também o retrato do adversário? Eis uma confissão que ainda não fiz: na verdade, eu conhecia quase tão bem, e do interior, o colonizador. Explico-me: eu disse que era de nacionalidade tunisiana; como todos os outros tunisianos, era, portanto, tratado como cidadão de segunda zona, privado de direitos políticos, sem acesso à maioria das administrações, bilíngüe de cultura durante muito tempo incerta etc. — em suma, reportemo-nos ao retrato do colonizado. Mas eu não era muçulmano. O que, em um país onde tantos grupos humanos eram vizinhos mas onde cada um deles era estreitamente zeloso para com sua fisionomia própria, tinha uma significação considerável. Se eu era inegavelmente um nativo, como então se dizia, tão próximo quanto possível do muçulmano em função da insuportável miséria de nossos pobres e da língua materna (minha própria mãe jamais aprendeu francês), a sensibilidade e os costumes, o gosto pela mesma música e pelos mesmos perfumes e a cozinha quase idêntica me levaram a tentar apaixonadamente me identificar com o francês. Em um grande impulso que me levava na direção do Ocidente, que me parecia o modelo de qualquer civilização e de qualquer cultura verdadeiras, voltei alegremente as costas ao Oriente, escolhi irrevogavelmente a língua francesa, vesti-me à italiana e adotei com deleite até mesmo os tiques dos europeus. (Assim, aliás, eu tentava realizar uma das ambições de todo colonizado antes de passar à revolta.) Melhor ainda, ou pior, como se quiser, nesta *pirâmide de pequenos tiranos* que tentei descrever, e que constitui o esqueleto de toda sociedade colonial, nós nos vimos apenas um degrau acima de nossos concidadãos muçulmanos. Nossos privilégios eram irrisórios mas bastavam para nos dar um pequeno e vago orgulho e para nos fazer ter a esperança de não sermos mais assimiláveis à massa dos colonizados muçulmanos que forma a base última da pirâmide. O que, diga-se de passagem, também não facilitou minhas relações com os meus quando decidi defender os colonizados. Em suma, se, de toda maneira, me pareceu necessário denunciar a colonização, ainda que ela não tenha sido tão pesada para os meus, por isso mesmo, entretanto, conheci os movimentos contraditórios que agitaram suas almas. Meu próprio coração não batia à vista da pequena bandeira azul-branca-vermelha dos navios da Companhia Geral Transatlântica que ligavam a Marselha o porto de Túnis?

Tudo isso para dizer que este retrato do colonizador era também em parte o meu; um retrato projetado, digamos, no sentido dos geômetras. Quanto ao do colonizador benevolente, em particular, inspirei-me, para traçá-lo, em um grupo de professores de filosofia de Túnis, meus colegas e amigos, cuja generosidade era indubitável; mas sua impotência também, e, infelizmente, a impossibilidade de se fazerem ouvir por quem quer que fosse na colônia. Ora, era entre eles que eu me sentia melhor. Enquanto me obstinava a desmontar os mitos propostos pela colonização, eu não podia aprovar complacentemente os contramitos surgidos no seio do colonizado. Eu só podia sorrir com eles diante da afirmação, mal comprovada, é verdade, de que a música andaluza era a mais bela do mundo; ou, ao contrário, de que o europeu era por natureza duro e mau: provava-o a maneira como maltratava seus filhos. Mas o resultado foi a suspeição do colonizado, apesar da imensa boa vontade de meus colegas para com ele, e isso quando eles já eram amaldiçoados por toda a comunidade francesa. Eu conhecia muito bem todas estas coisas: suas dificuldades, a ambigüidade necessária e o conseqüente isolamento, e — o mais grave — sua ineficácia diante da ação eram meu quinhão. (Um dia briguei seriamente por ter julgado inútil e perigoso propagar o rumor, que havia ganhado a Medina, de que o representante da França fora acometido de loucura furiosa.)

Iria eu mais longe? No fundo, eu compreendia — se não o aprovasse — até mesmo o *pied-noir*,* o homem mais simples de sentimentos e de pensamento. Cada um é o que sua

---

*Trata-se do francês nascido na África do Norte. (*N. do T.*)

condição objetiva faz dele, já o disse várias vezes. Eu me perguntava se teria realmente conseguido condenar tão vigorosamente a colonização se tivesse me beneficiado mais dela. Quero esperar que sim; mas o fato de ter sofrido com ela um pouco menos que os outros já me tornou mais compreensivo. Em suma, o *pied-noir*, o mais teimoso, o mais cego, foi meu irmão no nascimento. A vida nos tratou de maneira diferente; ele era reconhecido como filho legítimo da Metrópole, herdeiro do privilégio, que ele defenderia a qualquer preço, até mesmo o mais escandaloso; eu era uma espécie de mestiço da colonização, que compreendia a todos porque não pertencia totalmente a ninguém.

Mais uma palavra, para encerrar esta já longa nova apresentação. Este livro foi recebido com tanta preocupação e raiva quanto entusiasmo. De um lado, viu-se nele uma insolente provocação, de outro, uma bandeira. Todos concordavam em caracterizá-lo como uma arma, uma ferramenta de combate contra a colonização; o que ele se tornou, é verdade. Nada me parece, porém, mais ridículo do que se vangloriar de uma coragem tomada de empréstimo e de façanhas jamais realizadas: já lhes falei de minha relativa ingenuidade ao redigir o texto; em primeiro lugar eu queria simplesmente compreender a relação colonial com a qual eu me encontrava tão estreitamente comprometido. Não que eu não tivesse sempre tido a filosofia que está subjacente a minha pesquisa e que colore de certo modo minha vida: sou incondicionalmente contra todas as opressões; vejo na opressão o flagelo maior da condição humana, que desvia e vicia as melhores forças do homem; oprimido e opressor, aliás, pois, como também veremos, "se a colonização destrói o colonizado, ela apodrece o colonizador". Mas não era exatamente esse o meu propósito neste livro. A eficácia do texto veio apenas, geneticamente, de certo modo, da virtude da verdade. Pois bastava, provavelmente, descrever com precisão o fato colonial, a maneira como o colonizador necessariamente agia, a lenta e inexorável destruição do colonizado, para pôr em evidência a iniqüidade absoluta da colonização e, assim, desvelar sua instabilidade fundamental e prever seu fim.

O único mérito que reconheço em mim é, portanto, o de ter tentado, para além de meu próprio mal-estar, dar conta de um aspecto insuportável e, portanto, inaceitável, da realidade humana, e destinado a provocar incessantemente perturbações custosas para todo o mundo. Em vez de ainda se ler este livro como um objeto de escândalo, desejo, ao contrário, que se examine calmamente por que as conclusões que se impuseram a mim continuam a ser espontaneamente reencontradas por tantos homens, em situações similares. Não será apenas simplesmente porque estes dois retratos que tentei traçar são fiéis a seus modelos, os quais não precisariam do espelho que lhes estendo para descobrirem sozinhos o comportamento mais eficaz em sua vida de miséria? Sabe-se a confusão tenaz (que é justamente um dos sinais de nossa persistente barbárie, de nossa mentalidade desesperadamente mágica) entre o artista e seu tema. Em vez de irritar-se com os propósitos dos escritores, e de acusá-los de quererem criar a desordem, seria melhor ouvi-los mais atentamente e levar mais a sério suas advertências premonitórias. Pois não tenho, enfim, o direito de pensar agora, depois de tantas guerras coloniais desastrosas e vãs, no momento em que a França assume a liderança da descolonização no mundo, que este livro poderia ter sido útil tanto para o colonizador quanto para o colonizado?

Paris, fevereiro de 1966

ALBERT MEMMI

Prefácio de Jean-Paul Sartre[1]

Somente um sudista tem competência para falar da escravidão: pois conhece o Negro; as pessoas do norte, puritanos abstratos, só conhecem o Homem. Esse belo raciocínio ainda pode ser útil: em Houston, na imprensa de Nova Orleans, e também, como sempre se é o nortista de alguém, na Argélia "francesa"; os jornais de lá nos repetem que apenas o colono está qualificado para falar da colônia: nós, metropolitanos, não temos sua experiência; ou veremos a terra ardente da África com seus olhos ou nada veremos além do fogo.

Às pessoas que essa chantagem intimida, recomendo que leiam o *Retrato do colonizado*, precedido do *Retrato do colonizador*: desta vez é experiência contra experiência; o autor, um tunisiano, contou em *A estátua de sal* sua amarga juventude. Quem é ele exatamente? Colonizador ou colonizado? Ele diria: nem uma coisa nem outra; vocês talvez digam: uma coisa e outra; no fundo, dá no mesmo. Ele pertence a um desses grupos nativos, mas não muçulmanos, "mais ou menos favorecidos relativamente às massas colonizadas e... recusados... pelo grupo colonizador", que, entretanto, "não

---

[1] Este prefácio apareceu pela primeira vez em *Les Temps Modernes*, n. 137-138, julho-agosto de 1957.

desestimula abertamente" seus esforços para se integrar à sociedade européia. Unidos por uma solidariedade de fato ao subproletariado, separados dele por pequenos privilégios, seus membros vivem em perpétuo mal-estar. Memmi experimentou essa dupla solidariedade e essa dupla recusa: o movimento que opõe os colonos aos colonizados, os "colonos que recusam a si mesmos" aos "colonos que aceitam a si mesmos". Ele o compreendeu tão bem porque o sentiu primeiro como sua própria contradição. Explica muito bem em seu livro que esses dilaceramentos da alma, puras interiorizações dos conflitos sociais, não dispõem à ação. Mas aquele que sofre com eles, se toma consciência de si, se conhece suas cumplicidades, suas tentações e seu exílio, pode esclarecer os outros falando de si mesmo: "força menosprezível no confronto", esse suspeito não representa ninguém; uma vez, porém, que é ao mesmo tempo todo mundo, será a melhor das testemunhas.

Mas o livro de Memmi não conta; se ele se nutre de lembranças, assimilou-as todas: trata-se de pôr em forma uma experiência; entre a usurpação racista dos colonos e a nação futura que os colonizados constituirão, na qual "suspeita que não terá lugar", ele tenta viver sua particularidade superando-a na direção do universal. Não na direção do Homem, mas na de uma Razão rigorosa que se imponha a todos. Esta obra sóbria e clara se reúne às "geometrias apaixonadas": sua objetividade calma é sofrimento e cólera superados.

É certamente por isso que se pode censurar nele uma aparência de idealismo: de fato, tudo é dito. Mas pode-se contestá-lo um pouco a propósito da ordem adotada. Talvez tivesse sido melhor mostrar o colonialista e sua vítima similarmente estrangulados pelo aparelho colonial, esta máquina pesada que foi construída no final do Segundo Império, sob a Terceira República, e que, depois de ter dado toda satisfação aos colonizadores, volta-se contra eles e ameaça triturá-los. De fato, o racismo está inscrito no sistema: a colônia vende barato gêneros alimentícios, produtos brutos, e compra caro da metrópole produtos manufaturados. Esse estranho comércio só é vantajoso para as duas partes se o nativo trabalha por nada, ou quase. Esse subproletariado agrícola não pode contar sequer com a aliança dos europeus menos favorecidos: todos vivem em cima dele, inclusive esses "pequenos colonos" que os grandes proprietários exploram mas que, comparados com os argelinos, ainda são privilegiados: a renda média do francês da Argélia é dez vezes superior à do muçulmano. É daí que nasce a tensão. Para que os salários e o custo de vida estejam no mínimo, é preciso uma concorrência muito forte entre os trabalhadores nativos e, portanto, que a taxa de natalidade suba; mas como os recursos do país são limitados pela usurpação colonial, para os mesmos salários, o nível de vida da população muçulmana baixa incessantemente, a população vive em perpétuo estado de subalimentação. A conquista se deu pela violência; a superexploração e a opressão exigem a manutenção da violência e, portanto, a presença do Exército. Não haveria aí contradição se o terror reinasse em todos os pontos do planeta: mas o colono desfruta lá, na Metrópole, dos direitos democráticos que o sistema colonial recusa aos colonizados: é o sistema, de fato, que favorece o crescimento da população para reduzir o custo da mão-de-obra, e é também ele que impede a assimilação dos nativos: se estes tivessem direito ao voto, sua superioridade numérica faria com que tudo explodisse em um instante. O colonialismo recusa os direitos do homem a homens que submeteu pela violência, que mantém pela força na miséria e na ignorância e, portanto, como diria Marx, em estado de "subumanidade". Nos próprios fatos, nas instituições, na natureza das trocas e da produção, o racismo está inscrito; os estatutos político e social se reforçam mutuamente, uma vez que o nativo é um sub-homem e que a Declaração dos Direitos do Homem não lhe diz respeito; inversamente, uma vez que não tem direitos, ele é abandonado sem proteção às forças inumanas da natureza, às "leis de bronze" da economia. O racismo já está aí, levado pela práxis colonialista, engendrado a cada instante pelo aparelho colonial, apoiado por essas relações de produção que definem duas espécies de indivíduos: para um deles, o privilégio e a humanidade são uma coisa só — ele se torna homem pelo livre exercício de seus direitos; para o outro, a ausência de direitos sanciona sua miséria, sua fome crônica, sua ignorância — em suma, sua subumanidade. Sempre achei que as idéias se desenham nas coisas e que já estão no homem quando ele as desperta e as expressa para explicar a si mesmo sua própria situação. O "conservadorismo" do colono, seu "racismo", as relações ambíguas com a metrópole, tudo é dado de início, antes que ele os ressuscite no "complexo de Nero".

Memmi certamente me responderia que não está dizendo outra coisa: sei disso;[2] de resto, talvez seja ele quem tenha

---

[2]Ele não escreve "que a situação colonial fabrica colonialistas assim como fabrica colonizados"? Toda a diferença entre nós talvez venha do fato de que ele vê uma situação ali onde vejo um sistema.

razão: ao expor suas idéias na ordem da descoberta, isto é, a partir das intenções humanas e das relações vividas, garante a autenticidade de sua experiência: ele sofreu primeiro em suas relações com os outros, em suas relações consigo mesmo: encontrou a estrutura objetiva ao aprofundar a contradição que o dilacerava; e nos entrega essas idéias nesse estado, brutas, ainda inteiramente penetradas pela sua subjetividade.

Mas deixemos de lado essas sutilezas. A obra estabelece algumas verdades fortes. Em primeiro lugar, que não há bons ou maus colonos: há colonialistas. Entre eles, alguns recusam sua realidade objetiva: levados pelo aparelho colonial, fazem todos os dias, de fato, o que condenam em sonho, e cada um de seus atos contribui para manter a opressão; não mudarão nada, não servirão a ninguém e encontrarão seu conforto moral no mal-estar, isso é tudo.

Os outros — a maioria — começam ou terminam por aceitar a si mesmos.

Memmi descreveu notavelmente a seqüência de procedimentos que os leva à "auto-absolvição". O conservadorismo engendra a seleção dos medíocres. Como é que esta elite de usurpadores conscientes de sua mediocridade pode fundar seus privilégios? Só há um meio: rebaixar o colonizado para engrandecer a si mesmo, recusar aos nativos a qualidade de homem, defini-los como simples privações. Isso não será difícil uma vez que, justamente, o sistema os priva de tudo; a prática colonialista gravou a idéia colonial nas próprias coisas; é o movimento das coisas que designa a um só tempo o colono e o colonizado. Assim, a opressão se justifica por si mesma: os opressores produzem e mantêm pela força os males que, a seu olhos, tornam o oprimido cada vez mais semelhante ao que precisaria ser para merecer sua sorte. O colono só pode absolver a si mesmo ao perseguir sistematicamente a "desumanização" do colonizado, isto é, ao identificar-se a cada dia um pouco mais com o aparelho colonial. O terror e a exploração desumanizam, e o explorador se sente autorizado por essa desumanização a explorar ainda mais. A máquina gira em círculos; é impossível distinguir a idéia da práxis, e esta, da necessidade objetiva. Esses momentos do colonialismo ora se condicionam reciprocamente, ora se confundem. A opressão é primeiramente o ódio do opressor contra o oprimido. Só há um limite para esse empreendimento de extermínio: o próprio colonialismo. É aqui que o colono encontra sua própria contradição: "Com o colonizado, desapareceria a colonização, inclusive o colonizador." Não haveria mais subproletariado, superexploração: retornaríamos às formas comuns da exploração capitalista, os salários e os preços se alinhariam aos da metrópole: seria a ruína. O sistema quer a um só tempo a morte e a multiplicação de suas vítimas; qualquer transformação lhe será fatal: quer se assimilem ou se massacrem os nativos, o custo da mão-de-obra não vai parar de subir. Essa pesada máquina mantém entre a vida e a morte — sempre mais perto da morte que da vida — aqueles que são obrigados a movê-la; uma ideologia petrificada se aplica a considerar homens como animais que falam. Inutilmente: para lhes dar ordens, ainda que as mais duras, as mais insultantes, é preciso começar por reconhecê-los; e como não se pode vigiá-los incessantemente, é preciso decidir confiar neles: ninguém pode tratar um homem "como um cão" se não o tomar primeiramente por um homem. A impossível desumanização do oprimido se inverte, tornando-se a alienação do opressor: é ele, é ele próprio que, com o menor gesto, ressuscita a humanidade que quer destruir; e uma vez que a nega nos outros, reencontra-a em toda parte como uma força inimiga. Para escapar a ela, é preciso que ele se mineralize, que dê a si mesmo a consistência opaca e a impermeabilidade da rocha, em suma, é preciso que ele, por sua vez, se "desumanize".

Uma impiedosa reciprocidade ata o colonizador ao colonizado, seu produto e seu destino. Memmi o assinalou com força; descobrimos com ele que o sistema colonial é uma forma em movimento, nascida em meados do século XIX, e que produzirá por si mesma sua própria destruição: já faz muito tempo que ela custa às metrópoles muito mais do que lhes traz; a França está esmagada sob o peso da Argélia e sabemos atualmente que abandonaremos a guerra, sem vitória nem derrota, quando estivermos pobres demais para pagá-la. É, porém, antes de tudo, a rigidez mecânica do aparelho que o deteriora: as antigas estruturas sociais estão pulverizadas, os nativos "atomizados", mas a sociedade colonial não pode integrá-los sem destruir a si mesma; será, então, preciso que eles reencontrem sua unidade contra ela. Esses excluídos reivindicarão sua exclusão sob o nome de personalidade nacional: é o colonialismo que cria o patriotismo dos colonizados. Mantidos por um sistema opressivo no nível do animal, não desfrutam de nenhum direito, sequer o de viver, e sua condição piora a cada dia: quando um povo não tem outro recurso a não ser escolher seu tipo de morte, quando só recebeu de seus opressores um único presente, o desespero, o que lhe resta perder?

É seu infortúnio que se tornará sua coragem; desta eterna recusa que a colonização lhe opõe ele fará a recusa absoluta da colonização. O segredo do proletariado, disse um dia Marx, está em portar em si mesmo a destruição da sociedade burguesa. É preciso ser grato a Memmi por nos ter recordado que o colonizado também tem seu segredo, e que estamos assistindo à atroz agonia do colonialismo.

JEAN-PAUL SARTRE

PARTE 1 Retrato do colonizador

1. Existe o colonial?

O SENTIDO DA VIAGEM COLONIAL

A alguns às vezes ainda agrada representar o colonizador como um homem de grande estatura, bronzeado pelo sol, calçado com botinas, apoiado em uma pá — pois ele gosta de pôr mãos à obra, fixando seu olhar ao longe no horizonte de suas terras; entre duas ações contra a natureza, ele se devota aos homens, cuida dos doentes e difunde a cultura, um nobre aventureiro, enfim, um pioneiro.

Não sei se essa imagem de Épinal correspondeu um dia a alguma realidade ou se se limita às gravuras das cédulas coloniais. Os motivos econômicos da empreitada colonial já foram esclarecidos por todos os historiadores da colonização; ninguém mais acredita na *missão* cultural e moral, mesmo original, do colonizador. Atualmente, em todo caso, a partida rumo à colônia não é a escolha de uma luta incerta, buscada precisamente por seus perigos, não é a tentação da aventura, mas a da facilidade.

Basta, aliás, interrogar o europeu das colônias: que razões o levaram a expatriar-se, e depois, sobretudo, que razões o fizeram persistir em seu exílio? Ocorre-lhe também falar de aventura, de pitoresco, de mudança. Mas por que ele não os buscou na Arábia, ou simplesmente na Europa Central, onde ninguém fala sua própria língua, onde ele não encontra um grupo significativo de compatriotas, uma administração a seu serviço, um exército que o protege? A aventura teria comportado mais imprevistos; mas essa mudança, mais certa e de melhor qualidade, teria sido de *lucro* duvidoso: a mudança colonial, se de mudança se trata, deve ter inicialmente um bom rendimento. Espontaneamente, melhor do que os técnicos da linguagem, nosso viajante nos proporá a melhor definição que existe da colônia: lá ganha-se mais e gasta-se menos. Vai-se para a colônia porque as situações são asseguradas, os tratamentos elevados, as carreiras mais rápidas e os negócios mais frutuosos. Para o jovem diplomado ofereceu-se um posto, para o funcionário uma promoção, para o comerciante reduções substanciais de impostos, para o industrial matéria-prima e mão-de-obra a preços insólitos.

Mas suponhamos que exista este ingênuo que desembarca por acaso, como se viesse a Toulouse ou a Colmar.

Seria preciso muito tempo para que ele descobrisse as vantagens de sua nova situação? O fato de ser notado *a posteriori* não faz com que o sentido econômico da viagem colonial deixe de se impor, o que se dá rapidamente. O europeu das colônias pode também, é claro, gostar dessa nova região, desfrutar do pitoresco de seus costumes. Mas se for incomodado pelo clima, se ficar pouco à vontade no meio das multidões estranhamente vestidas, se sentir falta de seu país natal, o problema passa a ser o seguinte: será preciso aceitar esses aborrecimentos e esse mal-estar em troca das vantagens da colônia?

Logo, ele deixa de esconder o fato de si mesmo; é freqüente ouvi-lo sonhar em voz alta: mais alguns anos e comprará uma casa na metrópole... uma espécie de purgatório, em suma, um purgatório remunerado. Dali por diante, mesmo farto, enjoado de exotismo, doente às vezes, ele se agarra: o artifício vigora até a aposentadoria ou mesmo até a morte. Como voltar para a metrópole, quando seria necessário reduzir seu padrão de vida à metade? Retornar à lentidão viscosa do progresso metropolitano?...

Quando, nestes últimos anos, a história se acelerou e a vida se tornou difícil, freqüentemente perigosa, para os colonizadores, foi esse cálculo tão simples, mas irreplicável, que os reteve. Nem mesmo aqueles que chamamos na colônia de pássaros de passagem manifestaram pressa excessiva de partir. Alguns, ao considerarem o retorno, começaram a temer, de maneira inesperada, um novo exílio: o de se reencontrarem em seu país de origem. Pode-se em parte crer neles; deixaram seu país há tempo bastante para nele não ter mais amizades vivas, seus filhos nasceram na colônia, foi aí que enterraram seus mortos. Mas exageram em seu dilaceramento; se organizaram seus hábitos cotidianos na cidade colonial, importaram e nela impuseram os costumes da metrópole, onde passam regularmente suas férias, de onde retiram suas inspirações administrativas, políticas e culturais, e sobre a qual seus olhos permanecem constantemente fixos.

Seu exílio, na verdade, é de base econômica: o do novo-rico que corre o risco de ficar pobre.

Eles resistirão, portanto, o máximo possível, pois, quanto mais o tempo passar, mais durarão as vantagens, que realmente merecem algumas preocupações e que sempre se perderão demasiadamente cedo. Mas se um dia o econômico é atingido, se as "situações", como se diz, correm riscos reais, o colonizador se sente então ameaçado e pensa, seriamente desta vez, em voltar para a metrópole.

No plano coletivo, a questão é ainda mais clara. As empreitadas coloniais jamais tiveram outro sentido confesso. Na ocasião das negociações franco-tunisianas, alguns ingênuos se espantaram com a relativa boa vontade do governo francês, particularmente no domínio cultural, e depois com a aquiescência, afinal de contas rápida, dos líderes da colônia. Foi porque as cabeças pensantes da burguesia e da colônia tinham compreendido que o essencial da colonização não era nem o prestígio da bandeira nem a expansão cultural, nem sequer a direção administrativa ou a saúde de um corpo de funcionários. Eles admitiram ser possível fazer concessões em tudo, desde que o fundo, isto é, as vantagens econômicas, fosse salvo. E se o Sr. Mendès France pôde realizar sua famosa viagem-relâmpago, foi com a bênção de todos eles e sob a proteção de alguém ligado a eles. Foi exatamente esse o seu programa e o conteúdo primeiro das convenções.

Tendo descoberto o lucro, por acaso ou por tê-lo buscado, o colonizador ainda não tomou, porém, consciência do papel histórico que lhe caberá. Falta-lhe um passo no conhecimento de sua nova situação: é preciso que compreenda igualmente a origem e a significação desse lucro. Para dizer a verdade, isso não tarda. Como poderia ele deixar de ver por muito tempo a miséria do colonizado e a relação dessa miséria com sua tranqüilidade? Ele percebe que esse lucro só é tão fácil por ser arrancado de outros. Em suma, ele faz duas aquisições em uma: descobre a existência do colonizado e ao mesmo tempo seu próprio *privilégio*.

Ele *sabia*, é claro, que a colônia não era habitada unicamente por colonos ou por colonizadores. Tinha até mesmo uma idéia dos colonizados, graças aos livros de leitura de sua infância; acompanhara no cinema um documentário qualquer sobre alguns de seus costumes, de preferência escolhidos por sua estranheza. Mas esses homens pertenciam precisamente ao domínio da imaginação, dos livros ou do espetáculo. Não lhe diziam respeito, ou muito pouco, indiretamente, por intermédio de imagens coletivas para toda a nação, epopéias militares, vagas considerações estratégicas. Ele se inquietou um pouco quando decidiu ele próprio ir para a colônia; mas não de maneira diferente da adotada em relação ao clima, talvez desfavorável, ou à água, que diziam calcária demais. Eis que esses homens, subitamente, deixando de ser um mero elemento de um cenário geográfico ou histórico, instalam-se em sua vida.

Ele sequer pode decidir evitá-los: deve viver em constante relação com eles, pois é justamente essa relação que lhe permite a vida que decidiu buscar na colônia; é essa relação que é frutífera, que cria o privilégio. Ele se encontra sobre o prato de uma balança em cujo outro prato está o colonizado. Se seu nível de vida é elevado, é porque o do colonizado é baixo; se pode se beneficiar de uma mão-de-obra, de uma criadagem numerosa e pouco exigente, é porque o colonizado é explorável à vontade e não é protegido pelas leis da colônia; se obtém tão facilmente postos administrativos, é porque estes lhe são reservados e o colonizado é deles excluído; quanto mais ele respira à vontade, mais o colonizado sufoca.

Nada disso lhe é possível deixar de descobrir. Não é ele que corre o risco de ser convencido pelos discursos oficiais, pois é ele ou seu primo ou seu amigo que os redige; é ele que concebe as leis que fixam seus direitos exorbitantes e os deveres dos colonizados; ele tem necessariamente acesso à aplicação das instruções pouco discretas de discriminação, das dosagens nos concursos e nas contratações, uma vez que é ele que dela se encarrega. Ainda que se quisesse cego e surdo ao funcionamento de toda a máquina, bastaria que recolhesse os resultados: ora, é ele o beneficiário de toda a empreitada.

O USURPADOR

É, enfim, impossível que ele não constate a ilegitimidade constante de sua situação. Trata-se, ademais, sob certo aspecto, de uma dupla ilegitimidade. Estrangeiro, chegado a um país pelos acasos da história, ele conseguiu não somente criar um espaço para si como também tomar o do habitante, outorgar-se espantosos privilégios em detrimento de quem de direito. E isso não em virtude das leis locais, que de certa forma legitimam a desigualdade pela tradição, mas alterando as regras aceitas, substituindo-as pelas suas. Ele aparece, assim, como duplamente injusto: é um privilegiado e um privilegiado não legítimo, isto é, um *usurpador*. E, enfim, não apenas aos olhos do colonizado, mas aos seus próprios olhos. Se às vezes objeta' que privilegiados também existem entre os colonizados, grandes proprietários, burgueses, cuja opulência iguala ou ultrapassa a sua, ele o faz sem convicção. Não ser o único culpado pode confortar, mas não absolver. Ele facilmente reconheceria que os privilégios dos privilegiados autóctones são menos escandalosos que os seus. Sabe também que os colonizados mais favorecidos jamais deixarão de ser colonizados, isto é, que alguns direitos lhes serão eternamente recusados, que algumas vantagens lhe são estritamente reservadas. Em suma, aos seus olhos, como aos olhos de sua vítima, ele se sabe usurpador: é preciso acomodar-se com esses olhares e essa situação.

O PEQUENO COLONIZADOR

Antes de ver como estas três descobertas — lucro, privilégio, usurpação —, estes três progressos da consciência do colonizador, vão moldar sua figura, por meio de que mecanismos vão transformar o candidato colonial em colonizador ou em colonialista, é preciso responder a uma objeção bastante corrente: a colônia, diz-se com freqüência, não compreende apenas colonos. É possível falar de privilégios a respeito de ferroviários, de funcionários medianos ou até mesmo de pequenos agricultores, que calculam para viver do mesmo modo que seus correspondentes metropolitanos?...

Para convencionar uma terminologia cômoda, distingamos o colonial, o colonizador e o colonialista. O *colonial* seria o europeu vivendo na colônia sem privilégios, em condições de vida que não seriam superiores às do colonizado de categoria

ALBERT MEMMI

econômica e social equivalente. Por temperamento ou condição ética, seria o europeu benevolente, que não teria em relação ao colonizado a atitude do colonizador. Ora, vamos dizer logo, a despeito da aparência ultrajante da afirmação: *o colonial assim definido não existe, pois todos os europeus das colônias são privilegiados.*

É verdade que nem todos os europeus da colônia são potentados, desfrutam de milhares de hectares ou dirigem administrações. Muitos são eles próprios vítimas dos senhores da colonização. São economicamente explorados por eles, politicamente utilizados, com vistas à defesa de interesses que freqüentemente não coincidem com os seus. Mas as relações sociais quase nunca são unívocas. Ao contrário de tudo aquilo em que se prefere crer, dos votos piedosos ou das convicções interessadas: o pequeno colonizador geralmente é, de fato, solidário dos colonos e defensor obstinado dos privilégios coloniais. Por quê?

Solidariedade do semelhante para com o semelhante? Reação de defesa, expressão ansiosa de uma minoria vivendo no meio de uma maioria hostil? Em parte. Mas nos grandes momentos da colonização, protegidos pela polícia e pelo exército, por uma aviação sempre pronta para intervir, os europeus das colônias não tinham medo, pelo menos não o bastante para explicar essa unanimidade. Mistificação? Um pouco mais, certamente. É claro que o próprio pequeno colonizador teria também um combate a travar, uma libertação a realizar, se não tivesse sido tão gravemente ludibriado pelos seus, e cegado pela história. Não creio, porém, que uma mistificação possa repousar em uma completa ilusão, possa governar totalmente o comportamento humano. Se o pequeno colonizador defende o sistema colonial com tanta firmeza, é porque é mais ou menos beneficiário dele. A mistificação reside no fato de que, para defender seus limitadíssimos interesses, ele defende outros infinitamente mais significativos, dos quais, por outro lado, é a vítima. Entretanto, ludibriado e vítima, também tira suas vantagens.

Pois o privilégio é relativo: em maior ou menor grau, todo colonizador é privilegiado, na medida em que o é *comparativamente* ao colonizado, e em detrimento dele. Se os privilégios dos poderosos da colonização são espantosos, os reduzidos privilégios do pequeno colonizador, mesmo o menor deles, são inúmeros. Cada gesto de sua vida cotidiana o põe em relação com o colonizado, e a cada gesto ele se beneficia de reconhecida vantagem. Ele se vê em dificuldades com as leis? A polícia e até mesmo a justiça serão mais clementes em relação a ele. Precisa dos serviços da administração? Ela o atormentará menos, abreviando-lhe as formalidades, reservando-lhe um guichê em que os postulantes serão em menor número e a espera menos longa. Procura emprego? Precisa prestar concurso? Vagas e postos lhe serão antecipadamente reservados; os exames serão realizados em sua língua, proporcionando dificuldades eliminatórias para o colonizado. Estará ele tão cego ou ofuscado que jamais conseguirá ver que, em condições objetivas iguais, classe econômica e mérito iguais, está sempre em vantagem? Como é que ele não olharia para o lado, de vez em quando, para ver todos os colonizados, por vezes antigos condiscípulos ou confrades, tão distanciados?

Enfim, ainda que não peça nada, que não precise de nada,

basta que apareça para que se fixe à sua pessoa o preconceito favorável de todos aqueles que contam na colônia; e até mesmo daqueles que não contam, pois ele se beneficia do preconceito favorável, do respeito do próprio colonizado, que concede a ele mais do que aos melhores dos seus; que, por exemplo, confia mais na palavra dele do que na dos seus. Pois ele possui, de nascença, uma qualidade independente de seus méritos pessoais, de sua classe objetiva: participa como membro do grupo dos colonizadores, cujos valores reinam. O país é ritmado por suas festas tradicionais, até mesmo religiosas, e não pelas do habitante; o dia de descanso semanal é o de seu país de origem, é a bandeira de sua nação que paira sobre os monumentos, é sua língua materna que permite as comunicações sociais; até mesmo suas roupas, seu acento, suas maneiras acabam se impondo à imitação do colonizado. O colonizador participa de um mundo superior, do qual só lhe resta recolher automaticamente os privilégios.

OUTROS MISTIFICADOS DA COLONIZAÇÃO

E é também por meio de sua situação concreta, econômica, psicológica, no complexo colonial, em relação aos colonizados, por um lado, e aos colonizadores, por outro, que a fisionomia dos outros grupos humanos — os que não são nem colonizadores nem colonizados — poderá ser explicada. Os cidadãos das outras potências (italianos, malteses da Tunísia), os candidatos à assimilação (a maioria dos judeus), os assimilados há pouco tempo (corsos na Tunísia, espanhóis na Argélia). Pode-se ainda acrescentar os agentes da autoridade recrutados entre os próprios colonizados.

A pobreza dos italianos ou dos malteses é tal que pode parecer risível falar de privilégios a respeito deles. No entanto, se eles são com freqüência miseráveis, as pequenas migalhas que lhes são concedidas sem que se note contribuem para separá-los significativamente dos colonizados. Mais ou menos favorecidos relativamente às massas colonizadas, eles tendem a estabelecer com elas ligações do tipo colonizador-colonizado. Como, ao mesmo tempo, não coincidem com o grupo dos colonizadores, como não têm o mesmo papel que eles no complexo colonial, distinguem-se deles cada um à sua maneira.

Todas essas nuanças são facilmente legíveis na análise de suas relações com o fato colonial. Se os italianos da Tunísia sempre invejaram os franceses por seus privilégios jurídicos e administrativos, estão de toda maneira em melhor situação que os colonizados. São protegidos por leis internacionais e por um consulado bastante presente, sob o olhar constante de uma metrópole atenta. Com freqüência, longe de serem recusados pelo colonizador, são eles que hesitam entre a assimilação e a fidelidade à própria pátria. Enfim, uma mesma origem européia, uma religião comum, uma maioria de traços de costumes idênticos os aproximam sentimentalmente do colonizador. Disso tudo resultam vantagens asseguradas, que o colonizado certamente não possui: uma contratação mais fácil, uma insegurança menor contra a miséria total e a doença, uma escolarização menos precária; alguma consideração, enfim, da parte do colonizador, uma dignidade mais ou menos respeitada. Assim se compreende que, por mais deserdados que sejam em termos absolutos, eles têm, em relação ao colonizado, vários comportamentos em comum com o colonizador.

Contraprova: como só se beneficiam da colonização por empréstimo, por seu parentesco com o colonizador, os italianos são bem menos distantes dos colonizados que os franceses. Não têm com eles as relações afetadas, formais, o tom que se parece sempre com o do senhor se dirigindo ao escravo, de que o francês jamais consegue se livrar inteiramente. Ao contrário dos franceses, quase todos os italianos falam a língua dos colonizados, estabelecem com eles amizades duradouras e até mesmo, sinal particularmente revelador, realizam casamentos mistos. Em suma, como não tiram grandes vantagens, os italianos não mantêm grande distância em relação aos colonizados. A mesma análise é válida, com algumas nuanças, para os malteses.

A situação dos israelitas — eternos candidatos hesitantes e recusados à assimilação — pode ser considerada a partir de uma perspectiva semelhante. Sua constante ambição, bastante justificada, é escapar à condição de colonizado, carga suplementar em um balanço já suficientemente pesado. Por isso, eles se esforçam para se assemelhar ao colonizador, na esperança declarada de que este pare de reconhecê-los como diferentes. Daí os esforços no sentido de esquecer o passado, de mudar de hábitos coletivos, sua adoção entusiasmada da língua, da cultura e dos costumes ocidentais. Mas se o colonizador nem sempre desestimula abertamente esses candidatos à sua semelhança, também jamais permitiu que a alcançassem. Eles vivem assim em uma penosa e constante ambigüidade; recusados pelo colonizador, partilham a situação concreta do colonizado, têm com ele solidariedades de fato; por outro lado, recusam os valores do colonizado como pertencentes a um mundo desacreditado, do qual esperam com o tempo escapar.

Os mais recentemente assimilados se situam em geral bem além do colonizador médio. Acentuam a postura colonizadora, ostentando um desprezo orgulhoso pelo colonizado e recordando insistentemente sua nobreza de empréstimo, desmentida com freqüência por sua brutalidade plebéia e sua avidez. Ainda espantados com seus próprios privilégios, eles os saboreiam e os defendem com inquietude e rudeza. E quando a colonização se vê em perigo, fornecem-lhe seus defensores mais dinâmicos, suas tropas de choque, e por vezes seus provocadores.

Os agentes da autoridade, funcionários, caides, policiais etc., recrutados entre os colonizados, formam uma categoria que pretende escapar à sua condição política e social. Entretanto, ao decidirem se pôr a serviço do colonizador e defender exclusivamente os interesses dele, acabam adotando sua ideologia, mesmo em detrimento do próprio grupo e de si mesmos.

Todos enfim, mais ou menos mistificados, mais ou menos beneficiários, logrados a ponto de aceitar o injusto sistema (defendendo-o ou a ele se resignando) que pesa mais intensamente sobre o colonizado. Seu desprezo pode não passar de uma compensação para sua própria miséria, assim como o anti-semitismo europeu é freqüentemente uma cômoda derivação. Esta é a história da pirâmide dos pequenos tiranos: cada um, socialmente oprimido por alguém mais poderoso que ele, encontra sempre um outro menos poderoso que possa oprimir, fazendo-se assim, por sua vez, tirano. Que compensação e que orgulho para um pequeno marceneiro não colonizado caminhar ao lado de um operário carregando na cabeça uma tábua e alguns pregos! Para todos, há ao menos essa profunda satisfação de ser negativamente melhor que o colonizado: eles jamais são totalmente confundidos na abjeção a que os rebaixa o fato colonial.

DO COLONIAL AO COLONIZADOR

O colonial não existe, pois não depende do europeu das colônias permanecer um colonial, ainda que ele tivesse essa intenção. Tendo ou não expressamente desejado, ele é acolhido como privilegiado pelas instituições, costumes e pessoas. Assim que chega ou desde o nascimento, encontra-se em uma situação de fato, comum a todo europeu que vive na colônia, situação que o transforma em colonizador. Mas não é no nível do engajamento de sua liberdade e, portanto, de sua responsabilidade que, na verdade, se situa o problema ético fundamental do colonizador. Ele certamente poderia não ter tentado a aventura colonial, mas, uma vez iniciada a empreitada, não depende dele recusar as condições. É preciso ainda acrescentar que ele pode se ver submetido a essas condições, independentemente de qualquer escolha prévia, se tiver nascido na colônia de pais já colonizadores, ou se tiver de fato ignorado, na ocasião de sua decisão, o sentido real da colonização.

É em um segundo patamar que vai se situar o verdadeiro problema do colonizador: uma vez que descobriu o sentido da colonização e tomou consciência de sua própria situação, da situação do colonizado, e de suas necessárias relações, como reagirá? Será que vai aceitar a condição de privilegiado, confirmando a miséria do colonizado, correlativo inevitável de seus privilégios? A condição de usurpador, confirmando a opressão e a injustiça em relação ao verdadeiro habitante da colônia, correlativas de sua excessiva liberdade e de seu prestígio? Será que vai, enfim, aceitar a condição de colonizador, esta figura de si mesmo que o espreita, que ele já sente moldar-se, sob o hábito nascente do privilégio e da ilegitimidade, sob o constante olhar do usurpado? Que vai se acomodar a essa situação e a esse olhar e à condenação de si mesmo, que logo será inevitável?

2. O colonizador que recusa a si mesmo

O COLONIZADOR DE BOA VONTADE...

Se todo colonial está de imediato na condição de colonizador, nem todo colonizador está fatalmente destinado a tornar-se um colonialista. E os melhores se recusam a isso. Mas o fato colonial não é uma pura idéia: é um conjunto de *situações vividas*, e recusá-lo significa ou subtrair-se fisicamente a tais situações ou permanecer ali e lutar para transformá-las.

Acontece de o recém-desembarcado, um contratado qualquer ou um funcionário com boas intenções — mais raramente um homem de negócios ou um agente de autoridade, menos entorpecido ou menos ingênuo —, estupefato desde seus primeiros contatos com os pequenos aspectos da colonização, a multidão de mendigos, as crianças que circulam quase nuas, o tracoma etc., pouco à vontade diante de tão evidente organização da injustiça, revoltado pelo cinismo de seus próprios compatriotas ("Não preste atenção na miséria! Você vai ver: a gente se acostuma rápido!"), logo pensar em ir embora. Obrigado a aguardar o fim do contrato, corre de fato o risco de se habituar à miséria, e ao resto. Mas acontece de um desses que queria apenas ser um colonial não se habituar: ele então partirá.

Acontece também, por razões diversas, de ele não partir. Tendo, porém, descoberto, e incapaz de esquecer, o escândalo econômico, político e moral da colonização, não pode mais aceitar transformar-se naquilo em que se transformaram seus compatriotas; decide ficar, prometendo a si mesmo recusar a colonização.

... E SUAS DIFICULDADES

Oh!, não é necessariamente uma recusa violenta. Essa indignação não é sempre acompanhada de um gosto pela política ativa. Trata-se antes de uma posição de princípio, algumas afirmações que não assustariam um congresso de moderados, ao menos na metrópole. Um protesto, uma assinatura de tempos em tempos, que talvez chegue à adesão a um agrupamento não sistematicamente hostil ao colonizado. Já é o bastante para que ele rapidamente se dê conta de que apenas mudou de dificuldades e de mal-estar. Não é tão fácil fugir, pelo espírito, de uma situação concreta, recusar a ideologia dessa situação e ao mesmo tempo continuar a viver suas relações objetivas. Sua vida se encontra desde então sob o signo de uma contradição que surge a cada um de seus passos, e que retirará dela toda coerência e toda tranqüilidade.

O que ele recusa, de fato, se não uma parte de si mesmo, aquilo em que ele se transforma lentamente quando aceita viver na colônia? Pois ele participa, desfruta desses privilégios que denuncia a meia-voz. Recebe ele um tratamento inferior ao de seus compatriotas? Não tira proveito das mesmas facilidades para viajar? Como não calcularia, distraidamente, que logo poderá comprar um carro, um refrigerador, talvez uma casa? Como faria para se livrar desse prestígio que o aureola e com o qual se pretende escandalizado?

Ainda que conseguisse atenuar um pouco sua contradição, organizar-se nesse desconforto, seus compatriotas se encarregariam de sacudi-lo. Em primeiro lugar, com irônica indulgência; eles conheceram, conhecem essa inquietação um pouco tola do recém-desembarcado; ela passará diante da prova da vida colonial, sob uma imensidão de pequenos e agradáveis comprometimentos.

Ela *tem que* passar, insistem eles, pois o romantismo humanitário é considerado na colônia como uma doença grave, o pior dos perigos: não é nem mais nem menos que a passagem para o campo do inimigo.

Se ele se obstinar, aprenderá que embarca para um inconfessável conflito com os seus, o qual permanecerá para sempre aberto, jamais cessará, a não ser com sua derrota ou seu retorno ao redil do colonizador. Muitos se surpreendem com a violência dos colonizadores contra o compatriota que põe em perigo a colonização. É claro que só podem considerá-lo um traidor. Ele questiona os seus em sua própria existência, ameaça toda a pátria metropolitana, que eles pretendem representar e definitivamente representam na colônia. A incoerência não está do lado deles. Qual seria, rigorosamente, o resultado lógico da atitude do colonizador que recusa a colonização, se não o desejo de seu próprio desaparecimento, ou seja, do desaparecimento dos colonizadores como tais? Como eles não se defenderiam asperamente contra uma atitude que culminaria em sua própria imolação, no altar da justiça, talvez, mas, enfim, em seu sacrifício? Se ao menos reconhecessem a injustiça de suas posições. Entretanto, justamente, eles a aceitaram, acomodaram-se a ela, graças aos meios que discutiremos. Se não pode superar este moralismo insuportável que o impede de viver, se acredita tanto nele, que comece por partir: demonstrará a seriedade de seus sentimentos e resolverá seus problemas... e deixará de criá-los para seus compatriotas. Caso contrário, não deve esperar continuar a perturbá-los tranqüilamente. Eles passarão para o ataque e revidarão cada golpe; seus camaradas ficarão intratáveis, seus superiores o ameaçarão; até mesmo sua mulher começará a agir assim e chorará — as mulheres se preocupam menos com a humanidade abstrata —, confessando-lhe que os colonizados não significam nada para ela e que só se sente à vontade entre os europeus.

Não há, então, outra saída entre a submissão no seio da coletividade e a partida? Sim, existe ainda uma. Já que a rebelião lhe fechou as portas da colonização e o isola no meio do deserto colonial, por que não bater às portas do colonizado que ele defende e que, seguramente, lhe abriria os braços com gratidão? Descobriu que um dos campos era o da injustiça, o outro sendo, portanto, o do direito. Que dê um passo a mais, que vá até o fim em sua revolta, a colônia não se limita aos europeus! Recusando os colonizadores, por eles condenado, que adote os colonizados e por eles se faça adotar: que se torne desertor.

Na verdade, são tão poucos os colonizadores, mesmo entre aqueles de muita boa vontade, que pensam em tomar seriamente esse caminho, que o problema é quase apenas teórico; ele é, porém, capital para o entendimento do fato colonial. Recusar a colonização é uma coisa, adotar o colonizado e por ele se fazer adotar parece ser outra, e elas estão longe de estarem ligadas.

Para ter êxito nessa segunda conversão, seria necessário, ao que parece, que nosso homem fosse um herói moral; mas, muito antes disso, a vertigem o conquista. Rigorosamente, dissemos, seria necessário que ele rompesse econômica a administrativamente com o campo dos opressores. Seria a única maneira de fechar-lhes a boca. Que demonstração decisiva abandonar um quarto dos privilégios de seu tratamento ou negligenciar os favores da administração! Deixemos isso de lado, entretanto; admite-se muito bem hoje que se possa ser, enquanto se espera a revolução, revolucionário e explorador. Ele descobre que, se os colonizados têm a justiça para si, se ele pode ir até o ponto de levar-lhes sua aprovação e mesmo sua ajuda, sua solidariedade acaba aí: *ele não é um deles e não tem vontade nenhuma de sê-lo.* Vislumbra vagamente o dia da libertação deles, a reconquista de seus direitos, mas não pensa seriamente em partilhar com eles a existência, nem mesmo libertada.

Um traço de racismo? Talvez, sem que ele o perceba claramente. Quem pode se desfazer inteiramente desse sentimento em um país em que isso atinge todo mundo, inclusive as vítimas? Seria natural assumir, ainda que apenas pelo pensamento, sem estar a ele obrigado, um destino sobre o qual pesa um tamanho desprezo? Como agiria ele, aliás, para atrair sobre si este desprezo que adere à pessoa do colonizado? E como poderia pensar em compartilhar dessa libertação, se ele mesmo já é livre? Tudo isso, realmente, não passa de um exercício mental.

E depois, não, não se trata necessariamente de racismo! Simplesmente, ele teve o tempo de se dar conta de que a colônia não é um prolongamento da metrópole, que nela ele não se encontra em casa. Isso não é contraditório com suas posições de princípio. Ao contrário, pelo fato de ter descoberto o colonizado, sua originalidade existencial, pelo fato de o colonizado ter subitamente deixado de ser um elemento de um sonho exótico para tornar-se humanidade viva e em sofrimento, o colonizador se recusa a participar de seu esmagamento, decide vir em seu auxílio. Mas, ao mesmo tempo, compreende que apenas mudou de departamento: encontra diante de si uma outra civilização, costumes diferentes dos seus, homens cujas reações freqüentemente o surpreendem, com os quais não sente afinidades profundas.

E já que estamos nesse ponto, é preciso que ele confesse — mesmo que se recuse a compactuar com os colonialistas — que não pode evitar julgar essa civilização e essas pessoas. Como negar que a técnica deles é gravemente atrasada, seus costumes estranhamente petrificados, sua cultura ultrapassada? Oh! apressa-se ele a responder a si mesmo: essas faltas não são imputáveis aos colonizados, mas a décadas de colonização, que cloroformizaram sua história. Alguns argumentos dos colonialistas às vezes o perturbam: por exemplo, *antes* da colonização, os colonizados já não estavam atrasados? Se se deixaram colonizar foi precisamente porque não tinham porte para lutar, nem militar nem tecnicamente. É claro que sua fraqueza no passado nada significa para seu futuro; nenhuma dúvida de que se a liberdade lhes fosse restituída, eles recuperariam esse atraso; ele tem toda confiança no gênio dos povos, de todos os povos. Resta-lhe, no entanto, admitir uma diferença fundamental entre ele e o colonizado. O fato colonial é um fato histórico específico, a situação e o estado do colonizado, atuais, bem entendido, são de toda maneira particulares. Ele também admite que não se trata nem de seu problema, nem de sua situação, nem de seu próprio estado atual.

Mais seguramente do que as grandes reviravoltas intelectuais, as pequenas usuras da vida cotidiana o confirmarão nessa descoberta decisiva. No início, comeu o cuscuz por curiosidade, agora o prova de vez em quando por educação: "Empanturra, embrutece e não alimenta, é empanzinador", diz ele bem-humoradamente. Ou, se gosta do cuscuz, não pode suportar esta "música de feira" que o agarra e o atordoa quando passa diante de um café; "Por que tão alto? Como é que eles fazem para se ouvir?" Ele sofre com esse cheiro de gordura velha de carneiro que empesteia a casa desde o desvão da escada, onde mora o vigia colonizado. Muitos traços do colonizado o chocam ou o irritam; ele tem repulsas que não consegue ocultar e que manifesta por meio de observações que lembram curiosamente as do colonialista. Na verdade, está longe aquele momento em que ele estava certo, *a priori*, da identidade da natureza humana sob todas as latitudes. Ainda crê nela, é claro, mas como em uma universalidade abstrata ou um ideal situado no futuro da história...

Você está indo longe demais, dirão alguns, seu colonizador de boa vontade já não tem tanta boa vontade assim: evoluiu lentamente, já não se tornou colonialista? De modo algum; a acusação seria na maior parte das vezes apressada e injusta. Simplesmente, não é possível *viver*, e durante toda a vida, em meio ao que permanece para nós como pitoresco, isto é, em um grau mais ou menos intenso, como um exílio. Podemos nos interessar por essa vida como turistas, nos apaixonar por ela durante certo tempo, mas acabaremos por nos cansar dela, por nos defender contra ela. Para viver sem angústia, é preciso viver distraído de si mesmo e do mundo; é preciso reconstituir em torno de si os odores e os ruídos da infância, que são os únicos econômicos, pois pedem apenas gestos e atitudes mentais espontâneas. Seria tão absurdo exigir uma tal sintonia da parte do colonizador de boa vontade quanto pedir aos intelectuais de esquerda que imitem os operários, como foi moda em certa época. Depois de se obstinar durante algum tempo a se vestir com desleixo, a usar indefinidamente as mesmas camisas, a calçar sapatos de pregos, foi preciso reconhecer a estupidez do empreendimento. Aqui, porém, a língua e o fundo da cozinha são comuns, o entretenimento passa pelos mesmos temas e as mulheres seguem o mesmo ritmo da moda. O colonizador só pode renunciar a qualquer tipo de identificação com o colonizado.

— Por que não usar turbante nos países árabes e não pintar o rosto de preto nos países negros? — provocou-me um dia com irritação um professor.

Não preciso acrescentar que esse professor era comunista.

A POLÍTICA E O COLONIZADOR DE BOA VONTADE

Dito isso, quero admitir que seja necessário evitar um excessivo romantismo da diferença. Pode-se pensar que as dificuldades de adaptação do colonizador de boa vontade não têm uma importância considerável; que o essencial está na firmeza da atitude ideológica, na condenação da colonização. Contanto que, evidentemente, essas dificuldades não terminem incomodando a retidão do julgamento ético. Ser de esquerda ou de direita não é apenas uma maneira de pensar, mas também (talvez acima de tudo) uma maneira de sentir e viver. Notemos simplesmente que são raros os colonizadores que não se deixam invadir por essas repulsões e dúvidas, e, por outro lado, que essas nuanças devem ser levadas em consideração para a compreensão de suas relações com o colonizado e com o fato colonial.

Suponhamos, portanto, que nosso colonizador de boa vontade tenha conseguido pôr entre parênteses, ao mesmo tempo, o problema de seus próprios privilégios e o de suas dificuldades afetivas. Só nos resta de fato considerar sua atitude ideológica e política.

Seja ele comunista ou socialista de qualquer matiz, ou simplesmente democrata, na colônia permanece o mesmo. Ele está decidido, quaisquer que sejam os avatares de sua própria sensibilidade individual ou nacional, a continuar sendo, ou melhor, a agir como comunista, socialista ou democrata, isto é, a trabalhar pela igualdade econômica e pela liberdade social, o que deve ser traduzido na colônia em termos de luta pela libertação do colonizado e pela igualdade entre colonizadores e colonizados.

O NACIONALISMO E A ESQUERDA

Tocamos aí em um dos capítulos mais curiosos da história da esquerda contemporânea (se tivéssemos ousado escrevê-la), e que poderíamos intitular "o socialismo e a esquerda". A atitude política do homem de esquerda em relação ao problema colonial seria um parágrafo dessa história; as relações humanas vividas pelo colonizador de esquerda e a maneira como ele recusa e vive a colonização constituiriam outro.

Existe um incontestável mal-estar da esquerda européia diante do nacionalismo. Já faz tanto tempo que o socialismo pretende ter vocação internacionalista que essa tradição parece definitivamente ligada à sua doutrina, parece fazer parte de seus princípios fundamentais. Nos homens de esquerda de minha geração, a palavra nacionalismo ainda provoca uma reação de desconfiança, se não de hostilidade. Quando a União Soviética, "pátria internacional" do socialismo, se afirmou como nação — por motivos que seria longo analisar aqui —, suas razões pareceram pouco convincentes para muitos de seus admiradores mais devotados. Ultimamente, todos se lembram, os governos dos povos ameaçados pelo nazismo, após breve hesitação, apelaram para as respostas nacionais, um pouco esquecidas. Desta vez o perigo era iminente, e os partidos operários, preparados pelo exemplo russo, e tendo descoberto que o sentimento nacional permanecia forte em suas tropas, responderam a esse apelo e colaboraram. O partido comunista francês chegou a ponto de tomá-lo para si e reivindicou-se como "partido nacional", reabilitando a bandeira tricolor e a *Marselhesa*. E foi ainda essa tática — ou essa

RETRATO DO COLONIZADO / RETRATO DO COLONIZADOR

renovação — que prevaleceu após a guerra, contra o investimento dessas velhas nações na jovem América. Em vez de se bater em nome da ideologia socialista contra um perigo capitalista, os partidos comunistas, e uma grande parte da esquerda, preferiram opor uma entidade nacional a uma outra entidade nacional, assimilando de maneira bastante deplorável americanos e capitalistas. De tudo isso resultou um certo desconforto na atitude socialista em relação ao nacionalismo, uma flutuação na ideologia dos partidos operários. A reserva dos jornalistas e dos ensaístas de esquerda diante do problema é, quanto a isso, muito significativa. Eles consideram o nacionalismo o mínimo possível: não ousam nem condená-lo nem aprová-lo; não sabem como integrá-lo ou se querem introduzi-lo em sua compreensão do futuro histórico. Em uma palavra, a esquerda atual está desorientada diante do nacionalismo.

Ora, por múltiplas causas, históricas, sociológicas e psicológicas, a luta dos colonizados por sua libertação assumiu uma fisionomia nacional e nacionalista pronunciada. Se a esquerda européia só pode aprovar, encorajar e sustentar essa luta, como toda esperança de liberdade, ela experimenta, ao mesmo tempo, uma hesitação muito profunda, uma inquietação real diante da forma nacionalista dessas tentativas de libertação. Há mais coisas: a renovação nacionalista dos partidos operários é sobretudo uma *forma* para um mesmo *conteúdo socialista*. Tudo se passa como se a libertação social, que continua sendo o objetivo último, constituísse um avatar de forma nacional mais ou menos durável; simplesmente as Internacionais haviam enterrado cedo demais as nações. Ora, o homem de esquerda nem sempre percebe com suficiente evidência o conteúdo social próximo da luta dos colonizados nacionalistas. Em suma, o homem de esquerda não encontra na luta do colonizado, que ele apóia *a priori*, nem os meios tradicionais nem os objetivos últimos dessa esquerda de que ele faz parte. E, bem entendido, essa inquietude e esse exílio são singularmente agravados no caso do colonizador de esquerda, isto é, do homem de esquerda que vive na colônia e lida no cotidiano com esse nacionalismo.

Tomemos um exemplo entre os meios utilizados nessa luta: o terrorismo. Sabe-se que a tradição de esquerda condena o terrorismo e o assassinato político. Quando os colonizados passaram a utilizá-los, o embaraço do colonizador de esquerda foi enorme. Ele se esforça para separá-los da ação *voluntária* do colonizado, para fazer deles um epifenômeno de sua luta: são, assegura ele, explosões espontâneas de massas por muito tempo oprimidas, ou melhor, ações de elementos instáveis, duvidosos, dificilmente controláveis pela liderança do movimento. Raros foram aqueles que, mesmo na Europa, perceberam e admitiram, ousaram dizer que o esmagamento do colonizado era tamanho, tamanha era a desproporção das forças, que ele acabara, moralmente com ou sem razão, utilizando *voluntariamente* esses meios. Por mais que o colonizador de esquerda fizesse esforços, alguns atos lhe pareceram incompreensíveis, escandalosos e politicamente absurdos; por exemplo, a morte de crianças ou de estrangeiros na luta, ou até mesmo de colonizados que, sem no fundo se oporem, desaprovavam esse detalhe do empreendimento. No início, ele ficou tão perturbado que não achava nada melhor a fazer que *negar* tais atos: com efeito, estes não podiam encontrar lugar em *sua* perspectiva do problema. O fato de a crueldade da opressão explicar a cegueira da reação não lhe pareceu constituir um argumento: ele não pode aprovar no colonizado o que combate na colonização, a razão pela qual, precisamente, ele condena a colonização.

Além disso, depois de ter suspeitado a cada vez que a notícia era falsa, o colonizador de esquerda diz, em desespero de causa, que tais ações constituem *erros*, isto é, *não deveriam* fazer parte da essência do movimento. Os líderes certamente as desaprovam, afirma ele corajosamente. Um jornalista que sempre apoiou a causa dos colonizados, cansado de esperar condenações que não vinham, acaba um dia intimando publicamente alguns líderes a tomar posição contra os atentados. Não recebeu resposta, naturalmente; e não teve a ingenuidade suplementar de insistir.

Diante desse silêncio, o que restava ao colonizador de esquerda fazer? Interpretar. Ele começou então a explicar o fenômeno, para si mesmo e para os outros, da forma mais apropriada ao seu mal-estar: mas, notemos, jamais tenta *justificá-lo*. Os líderes, acrescenta agora, não podem falar, não falarão, mas nem por isso deixam de pensar. Ele teria aceitado com alívio, com alegria, o menor sinal de inteligência. E como esses sinais não podem vir, ele se encontra diante de uma temível escolha; ou, assimilando a situação colonial a qualquer outra, deve aplicar a ela os mesmos esquemas, julgá-la e julgar o colonizado de acordo com seus valores tradicionais, ou deve considerar a conjuntura colonial como original e renunciar a seus hábitos de pensamento político, a seus valores, isto é, precisamente ao que o levou a tomar partido. Em suma, ou não reconhece o colonizado ou não reconhece mais a si mesmo. Entretanto, não podendo se decidir a escolher entre um desses caminhos, permanece na encruzilhada e flutua nas alturas: empresta a uns e a outros segundas intenções conforme sua própria conveniência, reconstrói um colonizado de acordo com seus votos; em resumo, começa a fabular.

Ele não deixa de estar perturbado em relação ao futuro dessa libertação, ao menos em relação ao seu futuro próximo. É freqüente que a futura nação, que começa a descobrir a si mesma, já se afirme para além da luta, querendo-se religiosa, por exemplo, ou não revelando nenhuma preocupação com a liberdade. Aí também não há saída a não ser supor-lhe um pensamento oculto, mais ousado e mais generoso: no fundo do coração, os combatentes lúcidos e responsáveis não são teocratas — têm o gosto e a veneração pela liberdade. É a conjuntura que lhes impõe mascarar os próprios sentimentos; como a fé ainda é demasiado viva nas massas colonizadas, deve ser levada em consideração. Eles não manifestam preocupações democráticas? Obrigados a aceitar todo tipo de cooperação, evitam assim chocar os mais ricos, burgueses e grandes proprietários.

Entretanto, os fatos indomáveis quase nunca vêm se acomodar no lugar que lhes é atribuído pelas hipóteses do colonizador de esquerda; e seu mal-estar permanece vivo, sempre renascendo. Os líderes colonizados não podem atacar os sentimentos religiosos de suas tropas, ele já admitiu, mas daí a servir-se deles! Estas proclamações em nome de Deus, o conceito de guerra santa, por exemplo, desorientam-no, assustam-no. Será realmente pura tática? Como não constatar que a maioria das ex-colônias, uma vez livres, se apressam em inscrever a religião em sua constituição? Que suas polícias, suas jurisdições nascentes quase não têm semelhanças com as premissas da liberdade e da democracia que o colonizador de esquerda esperava?

Então, tremendo, no fundo de si mesmo, do medo de se enganar novamente, ele recuará de mais um passo, apostará em um futuro um pouco mais distante: *mais tarde*, seguramente, surgirão do seio desses povos guias que expressarão suas necessidades não mistificadas, que defenderão seus verdadeiros interesses, em conformidade com os imperativos morais (e socialistas) da história. Era inevitável que apenas os burgueses e os grandes proprietários, que puderam estudar um pouco, fornecessem quadros e imprimissem essa atitude ao movimento. *Mais tarde*, os colonizados se libertarão da xenofobia e das tentações racistas, que o colonizador de esquerda discerne com alguma inquietação. Reação inevitável ao racismo e à xenofobia do colonizador; é preciso esperar que desapareçam o colonialismo e as feridas que ele deixou na carne dos colonizados. Mais tarde, eles se libertarão do obscurantismo religioso...

Mas enquanto espera, no que diz respeito ao sentido do combate imediato, o colonizador de esquerda só pode ficar dividido. Ser de esquerda, para ele, não significa apenas aceitar e ajudar a libertação nacional dos povos, mas também a democracia econômica e a justiça, a recusa da xenofobia racista e a universalidade, o progresso material e espiritual. E se toda a verdadeira esquerda deve desejar e ajudar a promoção nacional dos povos, é também, para não dizer sobretudo, porque essa promoção significa tudo isso. Se o colonizador de esquerda recusa a colonização e a si mesmo como colonizador, é em nome desse ideal. Ora, ele descobre que não há ligação entre a libertação dos colonizados e a aplicação de um programa de esquerda. Melhor ainda, que ele talvez esteja contribuindo para o nascimento de uma ordem social em que *não há lugar para um homem de esquerda como tal*, ao menos em um futuro próximo.

Acontece até mesmo de, por razões diversas — para conquistar a simpatia de poderes reacionários, para realizar uma união nacional ou por convicção —, os movimentos de libertação banirem *desde já* a ideologia de esquerda, recusando sistematicamente sua ajuda e colocando-a, assim, em uma situação insuportavelmente embaraçosa, condenando-a à esterilidade. Então, como militante de esquerda, o colonizador se encontra praticamente excluído do movimento de libertação colonial.

O DESERTOR

Por outro lado, suas próprias dificuldades, essa hesitação que, vista de fora, se parece curiosamente com arrependimento, o excluem ainda mais; fazem dele um suspeito não apenas aos olhos do colonizado, mas também junto às pessoas da esquerda metropolitana; é com isso que ele mais sofre. Apartou-se dos europeus da colônia, mas foi ele quem quis, despreza as injúrias deles, chega a orgulhar-se delas. As pessoas de esquerda, porém, são seus verdadeiros próximos, os juízes que elege, diante dos quais deseja justificar sua vida na colônia. Ora, seus pares e seus juízes praticamente não o compreendem; a menor de suas tímidas reservas só desperta desconfiança e indignação. Ora, dizem-lhe eles, um povo em expectativa, sofrendo com a fome, a doença e o desprezo, uma criança em cada quatro morre em seu primeiro ano, e ele pede garantias em relação aos meios e ao fim! Quantas condições impõe para colaborar! Trata-se nesse caso de ética e ideologia! A única tarefa no momento é libertar esse povo. Quanto ao futuro, sempre haverá tempo de cuidar dele quando se fizer presente. No entanto, insiste ele, já se pode prever a fisionomia do pós-libertação... Farão com que se cale com um argumento decisivo — na medida em que é uma recusa pura e simples de considerar esse futuro —, dirão que o futuro do colonizado não lhe diz respeito, o que o colonizado fará com sua liberdade só concerne a ele próprio.

É então que ele não compreende mais nada. Se quer ajudar o colonizado, é justamente porque o destino dele lhe diz respeito, porque seus destinos se recobrem, concernem um ao outro, porque ele espera continuar a viver na colônia. Não pode evitar pensar com amargura que a atitude das pessoas de esquerda na metrópole é bastante abstrata. É claro que na época da resistência aos nazistas a única tarefa que se impunha e unia todos os combatentes era a libertação. Mas todos lutavam também por um certo futuro político. Se tivessem assegurado aos grupos de esquerda, por exemplo, que o regime futuro seria teocrático e autoritário, ou aos grupos de direita que ele seria comunista, se uns e outros tivessem compreendido que por razões sociológicas imperiosas seriam esmagados após a luta, será que teriam continuado a lutar? Talvez; mas suas hesitações, suas inquietações teriam sido consideradas tão escandalosas? O colonizador de esquerda se pergunta se não pecou por orgulho ao acreditar que o socialismo era exportável, e o marxismo, universal. Nesse caso, confessa, ele se achava no direito de defender sua concepção de mundo, de acordo com a qual esperava organizar a própria vida.

Mas ele sofre ainda um outro golpe: já que todos parecem estar de acordo, a esquerda metropolitana e o colonizado (que, nesse aspecto, se une curiosamente ao colonialista, que afirma a heterogeneidade das mentalidades), já que todos gritam, dirigindo-se a ele, "boa noite, Basílio!",* ele se submeterá. Apoiará a libertação *incondicional* dos colonizados, com os meios que eles utilizam e o futuro que parecem ter escolhido. Um jornalista do melhor semanário da esquerda francesa acabou admitindo que a condição humana possa significar o Corão e a Liga árabe. O Corão, vá lá; mas a Liga árabe! Será que a justa causa de um povo deve implicar suas mistificações e seus erros? Para não ser excluído ou suspeito, o colonizador de esquerda aceitará todos os temas ideológicos dos colonizados em luta: *esquecerá provisoriamente que é de esquerda.*

---

*Alusão a uma cena da peça *O barbeiro de Sevilha*, de Beaumarchais. Nessa cena, todos os outros personagens conjugam seus esforços, apesar de interesses divergentes, para impedir Basílio de interferir em seus planos, sem que o personagem se dê conta do que ocorre à sua volta. (*N. do T.*)

RETRATO DO COLONIZADO / RETRATO DO COLONIZADOR

Será que é só isso? Nada é mais incerto. Pois, para conseguir se tornar um desertor, ao que ele enfim se decidiu, não basta aceitar totalmente aqueles pelos quais deseja ser adotado, é preciso ainda ser adotado por eles.

O primeiro ponto não era destituído de dificuldades ou de contradição grave, já que ele precisava abandonar aquilo em relação ao que fazia tantos esforços, isto é, seus valores políticos. Tratava-se de uma quase-utopia, sobre cuja possibilidade nos pusemos de acordo. O intelectual ou o burguês progressista pode desejar que se esfume um dia o que o separa de seus companheiros de luta; são características de classe a que ele renunciaria de bom grado. Mas ninguém aspira seriamente a mudar de língua, de costumes, de crença religiosa etc., nem mesmo pela tranqüilidade da consciência ou pela segurança material.

O segundo ponto não é menos complicado. Para que ele realmente se insira no contexto da luta colonial, não basta sua total boa vontade, é preciso ainda que sua adoção pelo colonizado seja possível: *ora, ele suspeita que não terá lugar na futura nação.* Será a última descoberta, a mais perturbadora para o colonizador de esquerda, aquela que ele faz freqüentemente à véspera da libertação dos colonizados, embora na verdade fosse previsível desde o início.

Para compreender esse ponto, é preciso ter em mente este traço essencial da natureza do fato colonial: a situação colonial é relação de povo a povo. Ora, ele faz parte do povo opressor e será, queira ou não, condenado a compartilhar de seu destino, como compartilhou de sua fortuna. Se os seus, os colonizadores, tiverem um dia que ser expulsos da colônia, o colonizado provavelmente não fará exceção para ele; se pudesse continuar a viver no meio dos colonizados, como um estrangeiro tolerado, ele suportaria, com os ex-colonizadores, o rancor de um povo que foi por eles humilhado; se o poder da metrópole tiver, ao contrário, que durar na colônia, ele continuaria a colher sua cota de ódio, a despeito de suas manifestações de boa vontade. Para dizer a verdade, o estilo de uma colonização não depende de uma ou outra pessoa generosa ou lúcida. As relações coloniais não são da ordem da boa vontade ou do gesto de um indivíduo; elas existiam antes de sua chegada ou de seu nascimento; o fato de ele as aceitar ou recusar não as mudará profundamente; são elas, ao contrário, que, como toda instituição, determinam *a priori* seu lugar e o do colonizado e, definitivamente, as verdadeiras relações entre eles. Por mais que se reconforte: "Sempre fui assim ou assado com os colonizados", ele desconfia, ainda que não seja culpado como indivíduo, de que participa de uma responsabilidade coletiva, enquanto membro de um grupo nacional opressor. Oprimidos enquanto grupo, os colonizados adotam fatalmente uma forma de libertação nacional e étnica da qual ele só pode ser excluído.

Como ele poderia evitar pensar, uma vez mais, que essa luta não é sua? Por que lutaria por uma ordem social em que compreende, aceita e decide que não haverá lugar para si...?

IMPOSSIBILIDADE DO COLONIZADOR DE ESQUERDA

Observado de perto, o papel do colonizador de esquerda se desfaz. Há, a meu ver, situações históricas impossíveis, e essa é uma delas. A vida atual desse colonizador na colônia se torna afinal ideologicamente inaceitável, e se sua ideologia triunfasse, poria em questão sua própria existência. A rigorosa conseqüência dessa tomada de consciência seria abandonar esse papel.

É claro que ele pode tentar compor, e sua vida será uma longa seqüência de acomodações. Os colonizados com os quais convive não são nem nunca serão seus próximos. Depois de refletir um pouco, ele não pode se identificar com eles, nem eles podem aceitá-lo. "Sinto-me mais à vontade com europeus colonialistas", confessou-me um colonizador de esquerda acima de qualquer suspeita, "do que com qualquer colonizado." Ele não considera mais, se é que um dia considerou, uma tal assimilação; falta-lhe, aliás, a imaginação necessária a uma tal revolução. Quando lhe acontece pensar em um amanhã, em um novo estado social em que o colonizado deixaria de ser um colonizado, ele praticamente não consegue considerar, como contrapartida, uma transformação profunda *de sua própria situação e de sua própria personalidade.* Nesse novo estado, mais harmonioso, ele continuará a ser o que é, com sua língua preservada e suas tradições culturais dominantes. Por uma contradição afetiva que não vê em si mesmo ou se recusa a ver, ele espera continuar a ser europeu por direito divino em um país que não estaria mais atado à Europa; mas desta vez pelo direito divino do amor e da confiança recuperada, que não seria mais protegido e imposto por um exército, mas pela fraternidade entre os povos. Juridicamente, apenas algumas pequenas mudanças administrativas, cujas reais intenções e conseqüências ele não consegue adivinhar. Sem uma idéia legislativa clara a respeito, espera vagamente fazer parte da futura jovem nação, mas reserva-se com firmeza o direito de continuar sendo cidadão de seu país de origem. Aceita, enfim, que tudo mude, conclama o fim da colonização, mas se recusa a considerar que essa revolução possa implicar uma perturbação de sua situação e de seu ser. Pois é demais pedir à imaginação imaginar seu próprio fim, ainda que para renascer diferente; principalmente se não se aprecia muito esse renascimento, como é o caso do colonizador.

Compreende-se agora um dos traços mais decepcionantes do colonizador de esquerda: sua ineficácia política. Ela está primeiramente nele. Decorre do caráter particular de sua inserção na conjunção colonial. Sua reivindicação, comparada à do colonizado, ou até mesmo à do colonizador de direita, é vaporosa. Onde já se viu, aliás, uma reivindicação política séria — que não seja uma mistificação ou uma fantasia — que não repouse em fiadores sólidos e concretos, seja a massa ou o poder, o dinheiro ou a força? O colonizador de direita é coerente quando exige o *status quo* colonial, e mesmo quando cinicamente reclama ainda mais privilégios, ainda mais direitos; está defendendo seus interesses e seu modo de vida, e pode acionar forças enormes para apoiar suas exigências. A esperança e a vontade do colonizado não são menos evidentes e fundadas em forças latentes, ainda pouco despertas mas suscetíveis de desenvolvimentos espantosos. O colonizador de esquerda se recusa a fazer parte do grupo de seus compatriotas; ao mesmo tempo, é impossível para ele fazer coincidir seu destino com o do colonizado. Quem é ele politicamente? Quem é que ele expressa senão a si mesmo, isto é, uma força menosprezível no confronto?

Sua vontade política sofrerá uma fissura profunda, a de sua própria contradição. Se tenta fundar um grupo político, só despertará o interesse de seus pares, já colonizadores de esquerda, ou o de outros desertores, nem colonizadores nem colonizados, eles próprios em uma situação ambígua. Nunca conseguirá atrair a multidão dos colonizadores, cujos interesses e sentimentos ele afronta demais; nem os colonizados, pois seu grupo não é originado ou sustentado por eles, como devem ser os partidos de profunda expressão popular. Que ele não tente tomar uma iniciativa, deflagrar uma greve, por exemplo; logo constatará sua absoluta impotência, sua exterioridade. Ainda que se submetesse a oferecer incondicionalmente sua ajuda, não poderia estar certo de ter controle sobre os acontecimentos; ela é na maior parte das vezes recusada e sempre considerada desprezível. Além disso, essa aparência de gratuidade só ressalta ainda mais sua impotência política.

Esse hiato entre sua ação e a do colonizado terá conseqüências imprevisíveis e na maioria das vezes insuperáveis. Apesar de seus esforços para se reunir ao real político da colônia, ele estará constantemente defasado tanto em sua linguagem quanto em suas manifestações. Ora hesitará ou recusará tal reivindicação do colonizado, cuja significação não compreenderá de imediato, o que parecerá confirmar sua tepidez. Ora, ao querer rivalizar com os nacionalistas menos realistas, entabulará uma demagogia verbal cujos excessos aumentarão a desconfiança do colonizado. Proporá explicações tenebrosas e maquiavélicas dos atos do colonizador ali onde o simples jogo da mecânica colonizadora teria bastado. Ou, para espanto irritado do colonizado, desculpará ruidosamente o que este último condena em si mesmo. Em suma, ao recusar o mal, o colonizador de boa vontade nunca consegue alcançar o bem, pois *a única escolha que lhe é permitida não é entre o bem e o mal, ele fica entre o mal e o mal-estar.*

Ele não pode, enfim, perder a oportunidade de se interrogar sobre o alcance de seus esforços e de sua voz. Seus acessos de furor verbal suscitam apenas o ódio de seus compatriotas, deixando o colonizado indiferente. Como o colonizador de esquerda não detém o poder, suas afirmações e suas promessas não têm nenhuma influência sobre a vida do colonizado. Ele não pode, além disso, dialogar com o colonizado, fazer-lhe perguntas ou pedir garantias. Como faz parte dos opressores, basta um gesto ambíguo, basta a menor reserva — e ele acha que pode se permitir a franqueza que a benevolência autoriza — e ei-lo imediatamente suspeito. Ele admite, por outro lado, que não deve incomodar com dúvidas, com interrogações públicas, o colonizado em luta. Em suma, tudo lhe impõe a prova de sua expatriação, de sua solidão e de sua ineficácia. Ele descobrirá lentamente que nada lhe resta fazer a não ser calar-se. Já se via obrigado a interromper suas declarações com silêncios que não indispusessem gravemente as autoridades da colônia e o forçassem a deixar o país. Será preciso confessar que esse silêncio, ao qual ele se habitua com facilidade, não o dilacera? Que ele fazia, ao contrário, esforço para lutar em nome de uma justiça abstrata por interesses que não são os seus, que com freqüência chegam a excluir os seus?

Se não pode suportar esse silêncio e fazer de sua vida um perpétuo compromisso, se está entre os melhores, ele pode também acabar deixando a colônia e seus privilégios. E se sua ética política o proíbe do que ela considera às vezes como um abandono, ele fará o que puder, atacará as autoridades, até que seja "posto à disposição da metrópole" de acordo com o pudico jargão administrativo. Deixando de ser um colonizador, ele porá fim à sua contradição e ao seu mal-estar.

3. O colonizador que aceita a si mesmo

... OU O COLONIALISTA

O colonizador que recusa o fato colonial não encontra em sua revolta o fim de seu mal-estar. Se não suprime a si mesmo como colonizador, ele se instala na ambigüidade. Se rejeita essa medida extrema, concorre para confirmar, para instituir a relação colonial, isto é, a relação concreta de sua existência com a do colonizado. Pode-se compreender que seja mais confortável aceitar a colonização, percorrer até o fim o caminho que leva do colonial ao colonialista.

O colonialista, em suma, é apenas o colonizador que se aceita como colonizador. E que, então, ao explicitar sua situação, busca legitimar a colonização. Atitude mais lógica, afetivamente mais coerente do que a dança atormentada do colonizador que recusa a si mesmo mas continua a viver na colônia. Um tenta em vão adequar sua vida à sua ideologia; o outro, sua ideologia à sua vida, para unificar e justificar seu comportamento. No fim das contas, *o colonialista é a vocação natural do colonizador*.

É comum opor o *imigrante* ao *colonialista de nascimento*. O imigrante adotaria mais frouxamente a doutrina colonialista. É certamente mais fatal a transformação do colonizador-nativo em colonialista. A prática familiar, os interesses constituídos, as situações adquiridas, que ele vive e das quais o colonialismo é a ideologia, restringem sua liberdade. Não creio, contudo, que a distinção seja fundamental. A condição objetiva de privilegiado-usurpador é idêntica para os dois, para aquele que a herda ao nascer e para aquele que dela desfruta desde o desembarque. Mais ou menos rapidamente, mais ou menos aguda, sobrevém necessariamente a tomada de consciência daquilo em que se transformarão se aceitarem essa condição.

Já não é um bom sinal ter decidido fazer a vida na colônia, pelo menos na maioria dos casos; como não é um bom sinal casar-se pelo dote. Sem falar do imigrante que está disposto, de início, a aceitar tudo. Vindo expressamente para provar do benefício colonial, ele será *colonialista por vocação*.

O modelo é comum e seu retrato vem com facilidade à ponta da pena. Geralmente o homem é jovem, prudente e civilizado, tem a espinha curvada e os olhos grandes. Em qualquer circunstância justifica tudo, as pessoas de posição e o sistema. Pretendendo obstinadamente nada ter visto da miséria e da injustiça que lhe furam os olhos, está atento apenas à possibilidade de conquistar uma posição, de obter sua parte. Na maioria das vezes, aliás, ele foi chamado ou enviado para a colônia: um protetor o envia, um outro o recebe, e sua posição já está à sua espera. Se ocorre de ele não ser exatamente chamado, logo é eleito. O tempo de ação da solidariedade colonizadora: pode-se deixar um compatriota em dificuldade?... Quantos vi que, chegados na véspera, tímidos e modestos, ao serem subitamente providos de um título surpreendente, tiveram sua obscuridade iluminada com um prestígio que espantou a eles próprios. Assim, sustentados pela armadura de seu papel social, reerguem a cabeça e logo adquirem uma confiança tão desmedida em si mesmos que se tornam estúpidos. Como é que tais outros não se regozijariam por terem vindo para a colônia? Não estariam convencidos da excelência do sistema, que faz deles o que são? Desde então o defenderão agressivamente e acabarão achando que é justificado. Em suma, transformaram-se em colonialistas.

Se a intenção não era tão nítida, a resultante não é diferente no caso do *colonialista por persuasão*. Funcionário nomeado ali por acaso, ou primo a quem o primo oferece asilo, ele pode até mesmo ser de esquerda ao chegar e se transmutar irresistivelmente, por meio do mesmo mecanismo fatal, em colonialista intratável ou dissimulado. Como se lhe tivesse bastado atravessar o mar, como se tivesse apodrecido com o calor!

Inversamente, entre os colonizadores-nativos, se a maioria se apega à sua chance histórica e a defende a qualquer preço, existem os que percorrem o itinerário oposto, recusam a colonização, ou acabam deixando a colônia. Na maioria das vezes, são jovens, os mais generosos, os mais abertos, que, ao saírem da adolescência, decidem não fazer a vida adulta na colônia.

Nos dois casos, os melhores partem. Seja por ética: não suportam se beneficiar da injustiça cotidiana. Seja simplesmente por orgulho: porque decidem que são de melhor estirpe que o colonizador médio. Estabelecem para si ambições e horizontes diferentes dos da colônia, que, ao contrário do que se pensa, são muito limitados, previsíveis demais, rapidamente esgotados pelos indivíduos de alguma personalidade. Nos dois casos, a colônia não pode reter os melhores: aqueles que estão de passagem e que, encerrado o contrato, vão embora, indignados ou irônicos e desenganados; e os nativos que não suportam o jogo de cartas marcadas, no qual é fácil demais vencer, no qual não podem mostrar todo o seu valor.

"Os colonizados que têm êxito são habitualmente superiores aos europeus da mesma categoria", confessava-me com amargura um presidente de banca de concurso. "Podemos assegurá-los de que mereceram."

A MEDIOCRIDADE

Essa constante depuração dos melhores do grupo colonizador explica um dos traços mais freqüentes do colonialista: sua mediocridade.

A impressão é intensificada por uma decepção talvez ingênua: o desacordo é flagrante demais entre o prestígio, as pretensões e as responsabilidades do colonialista e suas reais capacidades, os resultados de sua ação. Não podemos evitar, ao abordarmos a sociedade colonialista, esperar encontrar uma elite, ao menos uma seleção, os melhores técnicos, por exemplo, os mais eficazes e os mais seguros. Essas pessoas ocupam, quase todas e em toda parte, de direito ou de fato, os primeiros lugares. Elas sabem disso e reivindicam as considerações e atenções. A sociedade colonizadora se pretende uma sociedade dirigente e se aplica a ter a aparência de sê-lo. As recepções dos delegados metropolitanos lembram mais as de um chefe de governo que as de um prefeito. O menor deslocamento motorizado implica um cortejo de motociclistas imperiosos, estrondeantes e sibilantes. Nada se economiza para impressionar o colonizado, o estrangeiro e talvez o próprio colonizador.

Ora, se consideramos mais de perto, só descobrimos em geral, para além do fausto ou do simples orgulho do pequeno colonizador, homens de pequena estatura. Políticos, encarregados de modelar a história, quase sem conhecimentos históricos, sempre surpreendidos pelo acontecimento, recusando-se a prever ou incapazes de fazê-lo. Especialistas, responsáveis pelos destinos técnicos de um país, e que se revelam desatualizados, já que são poupados de qualquer competição. Quanto aos administradores, um capítulo deveria ser escrito sobre a incúria e a indigência da gestão colonial. É preciso dizer, na verdade, que uma melhor gestão da colônia praticamente não faz parte da intencionalidade da colonização.

Como não há mais raça de colonizadores do que de colonizados, é preciso encontrar uma outra explicação para a espantosa carência dos senhores da colônia. Já notamos a hemorragia dos melhores; dupla hemorragia, de nativos e de gente de passagem. Esse fenômeno é acompanhado por um complemento desastroso: os medíocres ficam, e pelo resto da vida. Pois eles não esperavam tanto. Uma vez instalados, evitarão largar sua posição; a não ser que lhes seja oferecida uma melhor, o que só pode lhes acontecer na colônia. É por isso que, contrariamente ao que se diz, e à exceção de alguns postos móveis por definição, o pessoal colonial é relativamente estável. A promoção dos medíocres não é um erro provisório, mas uma catástrofe definitiva, de que a colônia jamais se recupera. Os *Pássaros de passagem*, ainda que animados de muita energia, jamais conseguem abalar a fisionomia ou simplesmente a rotina administrativa das prefeituras coloniais.

Essa seleção gradual dos medíocres, que necessariamente se opera na colônia, é ainda agravada por um campo exíguo de recrutamento. Apenas o colonizador é chamado por seu nascimento, de pai para filho, de tio para sobrinho, de primo para primo, por uma jurisdição exclusiva e racista, para a direção dos negócios da cidade. Assim, a classe dirigente, que provém unicamente do grupo colonizador, de longe o menos numeroso, só é beneficiada de uma irrisória aeração. Produz-se uma espécie de definhamento, se podemos dizer, por consangüinidade administrativa.

É o medíocre, enfim, que impõe o tom geral da colônia. É ele o verdadeiro parceiro do colonizado, pois é quem mais precisa de compensação e da vida colonial. É entre ele e o colonizado que se criam as relações coloniais mais típicas. Ele se apegará ainda mais firmemente a essas relações, ao fato colonial, a seu *status quo*, na medida em que sua existência colonial — ele o pressente — depende disso. Ele apostou fundo, e definitivamente, na colônia.

De maneira que, se nem todo colonialista é um medíocre, todo colonizador deve aceitar em alguma medida a mediocridade da vida colonial, deve compor com a mediocridade da maioria dos homens da colonização...

O COMPLEXO DE NERO

... assim como todo colonizador deve compor com sua situação objetiva e com as relações humanas que dela decorrem. Por ter escolhido confirmar o fato colonial, o colonialista não suprimiu de fato as dificuldades objetivas por ele geradas. A situação colonial impõe a todo colonizador *dados econômicos*, políticos e afetivos, contra os quais ele pode se insurgir, sem nunca conseguir abandoná-los, pois eles formam a própria essência do fato colonial. E logo o colonialista descobre sua própria ambigüidade.

Aceitando-se como colonizador, o colonialista aceita ao mesmo tempo, ainda que tenha decidido ignorá-lo, o que esse papel implica de culpa, aos olhos dos outros e aos seus próprios. Essa decisão não lhe traz de modo algum uma bem-aventurada e definitiva tranqüilidade de alma. Ao contrário, o esforço que fará para superar essa ambigüidade nos dará uma das chaves de sua compreensão. E as relações humanas na colônia talvez tivessem sido melhores, menos opressivas para o colonizado, se o colonialista tivesse sido convencido de sua legitimidade. Em suma, o problema posto para o colonizador que recusa a si mesmo e para aquele que aceita a si mesmo é igual. Apenas suas soluções diferem: *a do colonizador que se aceita o transforma inevitavelmente em colonialista.*

Dessa assunção de si mesmo e de sua situação decorrerão de fato vários traços que podem ser agrupados em um conjunto coerente. Propomos chamar essa constelação de *papel do usurpador* (ou ainda de *complexo de Nero*).

Aceitar a si mesmo como colonizador seria essencialmente, como dissemos, aceitar-se como privilegiado não legítimo, isto é, como usurpador. O usurpador, é claro, reivindica seu lugar, e, quando necessário, o defenderá por todos os meios. Ele reivindica, porém, como admite, um lugar usurpado. Isso significa que admite, no próprio momento em que triunfa, que dele triunfa uma imagem que ele mesmo condena. Sua vitória *de fato* jamais o preencherá: resta-lhe inscrevê-la nas leis e na moral. Seria necessário para isso que convencesse os outros, se não a si próprio. Ele precisa, em suma, lavar-se de sua vitória, e das condições em que ela foi obtida. Daí sua obstinação, espantosa em um vencedor, em relação a aparentes futilidades: ele se esforça para falsificar a história, faz com que os textos sejam reescritos, apagaria memórias se necessário. Qualquer coisa, para conseguir transformar sua usurpação em legitimidade.

Como? Como é que a usurpação pode tentar passar por legitimidade? Dois procedimentos parecem possíveis: demonstrar os méritos eminentes do usurpador, tão eminentes que pedem uma recompensa como essa; ou insistir nos deméritos do usurpado, tão profundos que só podem suscitar uma desgraça como essa. E esses dois esforços são de fato inseparáveis. A inquietação do usurpador, sua sede de justificação exigem dele, ao mesmo tempo, que se auto-eleve às nuvens, e que afunde o usurpado para baixo da terra.

Além disso, essa complementaridade não esgota a relação complexa desses dois movimentos. É preciso acrescentar que, quanto mais o usurpado é esmagado, mais o usurpador triunfa na usurpação, para depois se confirmar em sua culpabilidade e em sua condenação; e assim se acentua cada vez mais o jogo do mecanismo, incessantemente levado adiante, agravado por seu próprio ritmo. No limite, o usurpador tenderia a fazer desaparecer o usurpado, cuja existência basta para estabelecê-lo como usurpador, cuja opressão cada vez mais pesada o torna cada vez mais opressor. Nero, figura exemplar do usurpador, é assim levado a perseguir raivosamente Britannicus, a acossá-lo. Mas quanto mais fizer o mal, mais coincidirá com esse papel atroz que escolheu para si. E quanto mais mergulhar na injustiça, mais odiará Britannicus e mais buscará atingir sua vítima, que o transforma em carrasco. Não contente por lhe ter roubado o trono, tentará privá-lo do único bem que lhe resta, o amor de Junie.* Não se trata nem de ciúme puro nem de perversidade: é a fatalidade interior da usurpação que o arrasta irresistivelmente para esta suprema tentação: a supressão moral e física do usurpado.

No caso do colonialista, entretanto, esse limite encontra em si mesmo sua própria regulação. Se ele pode obscuramente desejar — ocorre-lhe proclamá-lo — eliminar o colonizado do mapa dos vivos, seria impossível fazê-lo sem atingir a si próprio. Para alguma coisa a desgraça serve: a existência do colonialista é ligada demais à do colonizado, ele jamais poderá ultrapassar essa dialética. Com todas as suas forças, ele precisa negar o colonizado, e, ao mesmo tempo, a existência de sua vítima é indispensável para que ele continue a existir. Uma vez que escolheu manter o sistema colonial, deve empregar mais vigor para defendê-lo do que lhe teria sido ne-

---

*Alusão aos personagens da peça *Britannicus*, de Racine. (*N. do T.*)

cessário para recusá-lo. Uma vez que tomou consciência da injusta relação que o une ao colonizado, precisa aplicar-se sem trégua à absolvição de si mesmo. Jamais esquecerá de ostentar publicamente suas próprias virtudes, agirá com impetuosa tenacidade para parecer heróico e grande, merecendo amplamente sua fortuna. Ao mesmo tempo, ao sustentar seus privilégios tanto com sua glória quanto com o envilecimento do colonizado, ele se obstinará em envilecê-lo. Utilizará para retratá-lo as cores mais sombrias; agirá, se for preciso, para desvalorizá-lo, para aniquilá-lo. Mas jamais sairá desse círculo: precisa explicar essa distância que a colonização põe entre ele e o colonizado; ora, para justificar-se, ele é levado a aumentar ainda mais essa distância, a opor irremediavelmente as duas figuras, a sua tão gloriosa, a do colonizado tão desprezível.

OS DOIS RETRATOS

Essa autojustificação culmina assim em uma verdadeira reconstrução ideal dos dois protagonistas do drama colonial. Nada é mais fácil do que reunir os supostos traços desses dois retratos, propostos pelo colonialista. Bastariam para isso uma breve temporada na colônia, algumas conversas ou simplesmente um rápido percurso pela imprensa ou pelos romances ditos coloniais.

Essas duas imagens, por si mesmas, não deixam de ter conseqüências, como veremos. A do colonizado visto pelo colonialista, imposta por suas exigências, disseminada na colônia, e freqüentemente no mundo, graças aos seus jornais, à sua literatura, acaba por ressoar, de certa forma, no comportamento e, portanto, na fisionomia real do colonizado.[1] Do mesmo modo, a maneira como o colonialista quer se ver desempenha um papel considerável na emergência de sua fisionomia definitiva.

O fato é que não se trata de uma simples adesão intelectual, mas da escolha de um estilo de vida inteiro. Esse homem, talvez amigo sensível e pai afetuoso, que em seu país de origem, por sua situação social, seu meio familiar, suas amizades naturais, poderia ter sido um democrata, vai certamente se transformar em conservador, em reacionário ou até mesmo em fascista colonial. Ele só pode aprovar a discriminação e a codificação da injustiça, ele se regozijará com as torturas policiais e, se for preciso, se convencerá da necessidade do massacre. Tudo o levará a isso, seus novos interesses, suas relações profissionais, seus laços familiares e de amizade construídos na colônia. O mecanismo é quase fatal: *a situação colonial fabrica colonialistas assim como fabrica colonizados*.

O DESPREZO DE SI

Pois não é impunemente que se tem necessidade da polícia e do exército para ganhar a vida, da força e da iniqüidade para continuar a existir. Não é sem danos que se aceita viver permanentemente com a própria culpa. O panegírico de si mes-

---

[1]Ver mais adiante o *Retrato do colonizado*.

mo e dos seus, a afirmação repetida, até mesmo convencida, da excelência dos próprios costumes, de suas instituições, de sua superioridade cultural e técnica não apagam a condenação fundamental que todo colonialista carrega no fundo de si mesmo. Como poderia ele não levá-la em consideração? Ainda que tentasse ensurdecer sua própria voz interior, tudo, todos os dias, o faria recordá-la; o simples fato de ver o colonizado, as insinuações educadas ou as acusações brutais dos estrangeiros, as confissões dos compatriotas na colônia, e até mesmo na metrópole, onde ele se vê, em cada viagem, cercado de uma suspeita um pouco invejosa, um pouco condescendente. Ele é tratado com deferência, é claro, como todos aqueles que dispõem ou participam de algum poder econômico ou político. Mas sugerem-lhe que ele é hábil, que soube tirar partido de uma situação particular, cujos recursos seriam, em suma, de uma moralidade discutível. Um pouco mais e lhe dirigiriam uma piscada de olhos de cumplicidade.

Contra essa acusação, implícita ou direta, mas sempre ali, sempre pronta nele como nos outros, ele se defende como pode. Ora insiste nas dificuldades de sua existência exótica, as traições de um clima dissimulado, a freqüência das doenças, a luta contra um solo ingrato, a desconfiança das populações hostis; tudo isso não mereceria alguma compensação? Ora, furioso, agressivo, reage como Gribouille,* opondo desprezo a desprezo, acusando o metropolitano de covardia e de

---

*Nome próprio, personagem popular. Diz-se de alguém ingênuo que, para evitar um mal, acaba precipitando um mal maior. Usa-se também como substantivo comum, como, por exemplo, na expressão uma "política de gribouille", que leva justamente àquilo que pretende evitar. (N. do T.)

degenerescência; ao contrário, ele confessa, proclama as riquezas do exílio e também, por que não?, os privilégios da vida que escolheu, a vida fácil, os vários domésticos, o prazer, impossível na Europa, de uma autoridade anacrônica, e até mesmo o baixo preço da gasolina. Nada, enfim, pode salvá-lo e dar-lhe esta alta idéia compensadora de si mesmo que ele busca tão avidamente. Nem o estrangeiro, no máximo indiferente mas não ignorante ou cúmplice; nem sua pátria de origem, onde é sempre suspeito e freqüentemente atacado, nem sua própria ação cotidiana, que pretende ignorar a revolta muda do colonizado. De fato, acusado pelos outros, ele praticamente não acredita em seu próprio dossiê; no fundo de si mesmo, *o colonialista se declara culpado.*

O PATRIOTA

Nessas condições, é claro que ele não espera seriamente encontrar em si mesmo a fonte da indispensável grandeza, garantia de sua reabilitação. O excesso de sua vaidade, do retrato demasiado magnífico do colonialista por si mesmo, o trai mais do que o serve. E, na verdade, ele sempre se dirigiu simultaneamente para fora de si: *é na metrópole que ele busca seu último recurso.*

Essa caução deve, com efeito, reunir duas condições prévias. A primeira é de que pertença a um universo do qual ele mesmo participe, se quiser que os méritos do mediador se projetem sobre ele. A segunda é de que esse universo seja totalmente estranho ao colonizado, a fim de que este nunca dele se possa valer. Ora, essas duas condições são milagrosamente reunidas pela metrópole. Ele apelará, portanto, para as qualidades de sua pátria de origem, celebrando-as, amplificando-as, insistindo em suas tradições particulares, em sua originalidade cultural. Assim, no mesmo movimento, ele terá afirmado sua própria pertença a esse universo afortunado, sua ligação nativa, natural, à metrópole, e a impossibilidade do colonizado de participar desses esplendores, sua heterogeneidade radical, a um só tempo infeliz e desprezível.

Além de tudo, o colonialista quer merecer essa eleição e essa graça todos os dias. Ele se apresenta, recorda isso freqüentemente, como um dos membros mais conscientes da comunidade nacional; em suma, um dos melhores. Pois é grato e fiel. Ao contrário do metropolitano, cuja felicidade nunca está ameaçada, ele sabe o que deve a sua origem. Sua fidelidade é, entretanto, desinteressada, seu próprio afastamento o garante — ela não é manchada por todas as mesquinharias da vida cotidiana do metropolitano, que deve tudo arrancar por meio da astúcia e da combinação eleitoral. Seu puro fervor pela pátria faz dele, enfim, o patriota verdadeiro, aquele que melhor a representa, e no que ela tem de mais nobre.

E é verdade que em certo sentido ele pode se prestar a acreditar nisso. Gosta dos símbolos mais estrepitosos, das manifestações mais demonstrativas da potência de seu país. Assiste a todos os desfiles militares, que cultiva e obtém freqüentes e alentados; faz sua parte ao empavesar-se com disciplina e ostentação. Admira o exército e a força, respeita os uniformes e cobiça as condecorações. Deparamo-nos aí com que é costume chamar de política de prestígio; que não decorre apenas de um princípio de economia ("mostrar a força para não ter que utilizá-la"), mas corresponde a uma necessidade profunda da vida colonial: trata-se tanto de impressionar o colonizado quanto de tranqüilizar a si mesmo.

Em compensação, tendo confiado à metrópole a delegação e o peso de sua própria grandeza debilitada, espera dela que responda a sua esperança. Exige dela que mereça sua confiança, que lhe envie a imagem de si própria que ele deseja: ideal inacessível para o colonizado e justificativa perfeita de seus próprios méritos tomados de empréstimo. Com freqüência, de tanto esperar, acaba acreditando um pouco em tudo isso. Os recém-desembarcados, com a memória ainda fresca, falam da metrópole com uma justeza infinitamente maior do que os velhos colonialistas. Em suas comparações, inevitáveis, entre os dois países, as colunas crédito e débito ainda podem competir. O colonialista parece ter esquecido a realidade viva de seu país de origem. Esculpiu, no decorrer dos anos, em oposição à colônia, um tal monumento da metrópole que a colônia aparece necessariamente para ele como irrisória e vulgar. É notável que, mesmo para colonizadores nascidos na colônia, isto é, carnalmente harmonizados, adaptados ao sol, ao calor, à terra seca, a paisagem de referência permanece sendo brumosa, úmida e verde. Como se a metrópole fosse uma componente essencial do superego coletivo dos colonizadores, suas características objetivas se tornam qualidades quase éticas. É subentendido que a bruma é *superior* em si ao sol pleno, e o verde ao ocre. A metrópole reúne, assim, apenas positividades, a justeza do clima e a harmonia dos lugares, a disciplina social e uma extraordinária liberdade, a beleza, a moral e a lógica.

Seria ingênuo, porém, objetar ao colonialista que ele deveria voltar o mais depressa possível para esse universo maravilhoso, reparar o erro de tê-lo abandonado. Desde quando se pode estar instalado cotidianamente na virtude e na beleza? O próprio de um superego está precisamente em não ser vivido, em regular à distância, sem nunca ser atingido, o comportamento prosaico e acidentado dos homens de carne e osso. A metrópole só é tão grande porque está além do horizonte e permite valorizar a existência e o comportamento do colonialista. Se ele voltasse para lá, ela perderia seu sublime; e ele deixaria de ser um homem superior: se ele é tudo na colônia, o colonialista sabe que na metrópole não seria nada; lá ele seria novamente um homem qualquer. De fato, a noção de metrópole é comparativa. Reduzida a si mesma, ela se desvaneceria e arruinaria ao mesmo tempo a sobre-humanidade do colonialista. É apenas na colônia, porque ali ele possui uma metrópole e seus coabitantes não, que o colonialista é temido e admirado. Como se poderia abandonar o único lugar no mundo em que, sem que se seja um fundador de cidade ou um herói de guerra, é ainda possível batizar vilarejos e legar o próprio nome à geografia? Sem sequer temer o simples ridículo ou a cólera dos habitantes, uma vez que a opinião deles não conta; lugar em que todos os dias se tem a prova eufórica da própria potência e da própria importância?

O CONSERVADOR

É preciso, portanto, não apenas que a metrópole constitua esse ideal longínquo e nunca vivido, mas também que esse ideal seja imutável e esteja ao abrigo do tempo: o colonialista exige que a metrópole seja *conservadora*.

Ele, bem entendido, é decididamente conservador. É justamente quanto a esse aspecto que ele menos transige. No limite, até tolera a crítica às instituições ou aos costumes do metropolitano; ele não pode ser responsável pelo pior, se reivindica o melhor. Mas fica tomado pela inquietude, pela agitação, a cada vez que se pensa em mexer em seu estatuto político. É apenas então que a pureza de seu patriotismo é perturbada, sua ligação indefectível com a mãe-pátria abalada. Ele pode chegar à ameaça — para espanto geral! — de secessão! O que parece contraditório, aberrante, com seu patriotismo tão ostentado e, em certo sentido, real.

Mas o nacionalismo do colonialista é, na verdade, de uma natureza particular. Ele se dirige essencialmente ao aspecto da pátria que tolera e protege sua existência como colonialista. Uma metrópole que se tornasse democrática, a ponto, por exemplo, de promover uma igualdade de direitos até mesmo nas colônias, correria também o risco de abandonar as empreitadas coloniais. Uma transformação como essa seria, para o colonialista, *um caso de vida ou morte*, um novo questionamento do sentido de sua vida.

Compreende-se que seu nacionalismo vacile e que ele se recuse a reconhecer esse perigoso rosto de sua pátria.

A TENTAÇÃO FASCISTA

Para que ele possa subsistir como colonialista, é necessário que a metrópole permaneça sendo eternamente uma metrópole. E na medida em que isso depende dele, compreende-se que se dedique à causa com todas as forças.

Mas podemos dar mais um passo: *toda nação colonial carrega assim, em seu seio, os germes da tentação fascista.*

O que é o fascismo se não um regime de opressão em proveito de alguns? Ora, toda a máquina administrativa e política da colônia não tem outra finalidade. As relações humanas ali provêm de uma exploração tão intensa quanto possível, fundam-se na desigualdade e no desprezo e são garantidas pelo autoritarismo policial. Não há qualquer dúvida, para quem o viveu, de que o colonialismo é uma variação do fascismo. Não devemos nos espantar demais com o fato de que instituições dependentes, afinal, de um poder central liberal possam ser completamente diferentes das da metrópole. Esse rosto totalitário, assumido em suas colônias por regimes muitas vezes democráticos, só é aberrante na aparência: representados junto ao colonizado pelo colonialista, eles não podem ter outro.

Não é muito espantoso o fato de que o fascismo colonial dificilmente se limite à colônia. Um câncer só quer se estender. O colonialista só pode sustentar governos e tendências opressivos e reacionários, ou no mínimo conservadores. Aqueles que mantiverem o *status* atual da metrópole, condição do seu próprio, ou melhor, aqueles que assegurarem mais firmemente as bases da opressão. E já que é melhor prevenir do que remediar, como ele não ficaria tentado a provocar o nascimento de tais governos e tais regimes? Se se acrescenta que seus meios financeiros e, portanto, políticos são desmedidos, concebe-se que represente, para as instituições centrais, um perigo permanente, uma bolsa de veneno que sempre ameaça contaminar todo o organismo metropolitano.

Ainda que ele jamais se mova, sua mera existência, e a do sistema colonial, proporão seu constante exemplo às hesitações da metrópole; uma extrapolação sedutora de um estilo político, no qual as dificuldades são resolvidas pela completa servidão dos governados. Não é exagerado dizer que, assim como a situação colonial apodrece a Europa das colônias, *o colonialista é um germe de apodrecimento da metrópole.*

O RESSENTIMENTO CONTRA A METRÓPOLE

O perigo e a ambigüidade de seu excessivo ardor patriótico podem ser, aliás, reencontrados e constatados na ambigüidade mais geral de suas relações com a metrópole. É claro que ele a glorifica e se agarra a ela, a ponto de paralisá-la, de afogá-la se for preciso. Ao mesmo tempo, porém, nutre contra a metrópole e os metropolitanos um ressentimento profundo.

Notamos até aqui apenas o privilégio do colonizador em

relação ao colonizado. De fato, o europeu das colônias se sabe duplamente privilegiado: em relação ao colonizado e em relação ao metropolitano. As vantagens coloniais significam igualmente que, em uma mesma escala, o funcionário ganha mais, o comerciante paga menos impostos, o industrial paga menos pela matéria-prima e pela mão-de-obra que seus correspondentes metropolitanos. O paralelo não acaba aí. Assim como é consubstancial à existência do colonizado, o privilégio colonial é função da metrópole e do metropolitano. O colonialista não ignora que obriga a metrópole a sustentar um exército, e que se a colônia, para ele, só representa vantagens, para o metropolitano custa muito mais do que lhe dá em troca.

E assim como a natureza das relações entre colonizador e colonizado deriva de suas relações econômicas e sociais, as relações entre colonizador e metropolitano são tributárias de suas situações recíprocas. O colonizador não se orgulha das dificuldades econômicas de seu compatriota, dos impostos que pesam apenas sobre ele e de suas remunerações medíocres. Ele volta perturbado de sua viagem anual, descontente de si e furioso contra o metropolitano. Precisou, como sempre, responder a insinuações ou até mesmo a ataques diretos, utilizando o arsenal, pouco convincente, dos perigos do sol africano e das doenças do tubo digestivo, apelando em seu socorro para a mitologia dos heróis de capacete colonial. Eles também não falam a mesma língua política: *na mesma classe, o colonialista fica naturalmente mais à direita que o metropolitano*. Um amigo recém-chegado dividia comigo seu ingênuo espanto: não compreendia por que os jogadores de bocha, membros da SFIO* ou radicais na metrópole, são reacionários ou têm tendências fascistas na colônia.

Existe um antagonismo real, política e economicamente fundamentado, entre o colonialista e o metropolitano. E quanto a isso, o colonialista tem mesmo razão em falar de seu desconforto na metrópole: ele não tem mais os mesmos interesses dos seus compatriotas. Em certa medida, não é mais um deles.

Essa dialética exaltação-ressentimento que une o colonialista a sua pátria matiza singularmente a qualidade de seu amor por ela. Ele certamente se preocupa em fazer dela a imagem mais gloriosa, mas esse movimento é viciado por tudo o que se espera dele. Assim, se ele nunca se abstém de seus esforços chauvinistas, se multiplica as adulações, esconde mal sua raiva e seu despeito. Deve incessantemente velar, intervir se necessário, para que a metrópole continue a sustentar as tropas que o protegem, mantenha os hábitos políticos que o toleram, conserve, enfim, este rosto que lhe convém e que ele pode opor ao colonizado. E os orçamentos coloniais serão o preço pago pelas metrópoles, convencidas da discutível grandeza de serem metrópoles.

A RECUSA DO COLONIZADO

No entanto, a enormidade da opressão colonial é tal que essa sobrestimação da metrópole jamais é suficiente para justificar

---

*Seção Francesa da Internacional Operária. (N. do T.)

o fato colonial. Na verdade, a distância entre o senhor e o servidor nunca é grande o bastante. Quase sempre o colonialista se dedica também à desvalorização sistemática do colonizado.

Ah! quanto a isso, não há necessidade de estimulá-lo: ele é tomado pelo tema, que dilacera sua consciência e sua vida. Ele tenta afastá-lo de seu pensamento e imaginar a colônia sem o colonizado. Uma *boutade* mais séria do que parece afirma que "tudo seria perfeito... se não fossem os nativos". Mas o colonialista se dá conta de que, sem o colonizado, a colônia não teria mais qualquer sentido. Essa insuportável contradição o enche de furor, de um ódio sempre prestes a se desencadear contra o colonizado, ocasião inocente mas fatal de seu drama. E não apenas se ele for um policial ou um especialista da autoridade, cujos hábitos profissionais encontram na colônia possibilidades inesperadas de expansão. Vi com estupefação funcionários tranqüilos, professores, corteses e eloqüentes em outros momentos, transmutarem-se de repente, sob pretextos fúteis, em monstros vociferantes. As acusações mais absurdas são levantadas contra os colonizados. Um velho médico me confiou, com uma mistura de irritação e gravidade, que "o colonizado não sabe respirar"; um professor me explicou com ar douto que "aqui, não se sabe andar, dão-se passos mínimos que não permitem avançar", daí a impressão de estagnação, característica, ao que parece, das ruas na colônia. A desvalorização do colonizado se estende assim a tudo o que ele toca: inclusive ao seu país, que é feio, quente demais, espantosamente frio, malcheiroso, de clima viciado, com a geografia tão desesperada que o condena ao desprezo e à pobreza, à eterna dependência.

RETRATO DO COLONIZADO / RETRATO DO COLONIZADOR

Esse rebaixamento do colonizado, que explica sua penúria, serve ao mesmo tempo de contraste com a positividade do colonialista. Essas acusações, esses julgamentos irremediavelmente negativos são sempre sustentados *com referência à metrópole*, isto é, vimos por meio de que desvio, com referência ao próprio colonialista. Comparações morais ou sociológicas, estéticas ou geográficas, explícitas, insultantes ou alusivas e discretas, mas sempre favorecendo a metrópole e o colonialista. *Aqui, as pessoas daqui, os costumes deste país* são sempre inferiores, e de longe, em virtude de uma ordem fatal e preestabelecida.

Essa recusa da colônia e do colonizado terá graves conseqüências sobre a vida e o comportamento do colonizado. Mas também provoca um efeito desastroso sobre o comportamento do colonialista. Tendo assim definido a colônia, não concedendo mérito algum à cidade colonial, não reconhecendo nem suas tradições nem suas leis nem seus costumes, não pode admitir que ele próprio faça parte dela. Recusa-se a se considerar como cidadão com direitos e deveres, assim como não leva em conta que seu filho possa um dia sê-lo. Por outro lado, se se pretende indissoluvelmente ligado à sua pátria de origem, não vive lá, não participa da consciência coletiva de seus compatriotas, e não é cotidianamente influenciado por ela. O resultado dessa dupla mas negativa determinação sociológica é que o colonialista é *civicamente aéreo*. Navega entre uma sociedade distante, que ele quer sua, mas que se torna em certo grau mítica, e uma sociedade presente, que ele recusa e mantém assim na abstração.

Pois é claro que não é a aridez do país ou a falta de graça das cidades coloniais que explica a recusa do colonialista. É, ao contrário, porque este não o adotou, ou não podia adotá-lo, que o país permanece árido e as construções de um utilitarismo desolador. Por que é que ele não faz nada, por exemplo, pelo urbanismo? Quando se queixa da presença de um lago pestilento às portas da cidade, dos esgotos que transbordam ou dos serviços que funcionam mal, ele finge esquecer que detém o poder administrativo, que é ele próprio quem deveria se ocupar de tudo isso. Por que é que ele não concebe, ou não consegue conceber, seu esforço de maneira desinteressada? Toda municipalidade, normalmente proveniente de seus administrados, preocupa-se não apenas com o bem-estar deles mas também com seu futuro, com a posteridade; seu esforço se inscreve em uma duração, a da cidade. O colonialista não faz coincidir seu futuro com o da colônia, ele só está aqui de passagem, só investe no que dá rendimentos com data de vencimento. A verdadeira razão, a razão primeira da maioria de suas carências, é a seguinte: o colonialista nunca decidiu transformar a colônia à imagem da metrópole, e o colonizado à sua imagem. *Ele não pode admitir tal adequação, que destruiria o princípio de seus privilégios.*

O RACISMO

Trata-se apenas, aliás, de um vago sonho de humanista metropolitano. O colonialista sempre afirmou, e com clareza, que essa adequação era impensável. Mas a explicação, que ele se acha obrigado a dar, é ela própria bastante significativa, e será completamente diferente. Essa impossibilidade não depende dele, mas do parceiro: está ligada à *natureza* do colonizado. Em outros termos, e eis o traço que acaba o retrato, o colonialista recorre ao racismo. É notável que o racismo faça parte de todos os colonialismos, sob todas as latitudes. Não é uma coincidência: *o racismo resume e simboliza a relação fundamental que une colonialista e colonizado.*

Não se trata de um racismo doutrinal. Seria, aliás, difícil; o colonialista não gosta de teoria e de teóricos. Aquele que se sabe em má postura ideológica ou ética se vangloria em geral de ser um homem de ação, que retira suas lições da experiência. É muito difícil para o colonialista construir seu sistema de compensações, e ele desconfia da discussão. Seu racismo é vivido, cotidiano, mas não perde nada por isso. Ao lado do racismo colonial, o dos doutrinários europeus aparece como transparente, gelado em idéias, à primeira vista quase sem paixão. Conjunto de comportamentos, de reflexos aprendidos, exercidos desde a mais tenra infância, fixado, valorizado pela educação, o racismo colonial é tão espontaneamente incorporado aos gestos, às palavras, mesmo as mais banais, que parece constituir um das estruturas mais sólidas da personalidade colonialista. A freqüência de sua intervenção, sua intensidade nas relações coloniais, seria estupefaciente, porém, se não se soubesse em que medida ele ajuda o colonialista a viver, permitindo sua inserção social. Um esforço constante do colonialista consiste em explicar, justificar e manter, tanto pelo verbo quanto pelo comportamento, o lugar e a sorte do colonizado, seu parceiro no drama colonial, e, portanto, seu próprio lugar. Ora, a análise da atitude racista revela três elementos importantes:

ALBERT MEMMI

1. Descobrir e pôr em evidência as *diferenças* entre colonizador e colonizado.

2. *Valorizar* essas diferenças em benefício do colonizador e em detrimento do colonizado.

3. Levar essas diferenças ao *absoluto* afirmando que são definitivas e agindo para que passem a sê-lo.

O primeiro procedimento não é o mais revelador da atitude mental do colonialista. Estar à espreita do traço diferencial entre duas populações não é uma característica racista em si. Mas tem seu lugar e assume um sentido particular em um contexto racista. Longe de buscar o que poderia atenuar seu desenraizamento, aproximá-lo do colonizado e contribuir para a fundação de uma cidade comum, o colonialista, ao contrário, se apóia em tudo o que o separa dele. E nessas diferenças, sempre infamantes para o colonizado e gloriosas para si, encontra a justificação de sua recusa. Mas talvez o mais importante seja o seguinte: uma vez isolado o traço dos costumes, o fato histórico ou geográfico que caracteriza o colonizado e o opõe ao colonizador, é preciso impedir que se tape o fosso. O colonialista retirará o fato da história, do tempo, e, portanto, de uma evolução possível. O fato sociológico é batizado como biológico, ou melhor, como metafísico. Declara-se que pertence à *essência* do colonizado. Assim, a relação colonial entre o colonizado e o colonizador, fundada na maneira de ser, essencial, dos dois protagonistas, torna-se uma *categoria definitiva*. Ela é o que é porque eles são o que são, e nem um nem outro jamais mudará.

Voltamos a tocar na intencionalidade de toda política colonial. Eis aqui duas ilustrações. Ao contrário do que se crê, o colonialismo nunca favoreceu seriamente a conversão religiosa do colonizado. As relações entre a Igreja (católica ou protestante) e o colonialismo são mais complexas do que se afirma entre as pessoas de esquerda. É verdade que a Igreja ajudou muito o colonialista; caucionando seus empreendimentos, dando-lhe boa consciência, contribuindo para fazer com que a colonização fosse aceita, inclusive pelo colonizado. Entretanto, para ela, foi apenas uma aliança acidental e proveitosa. Hoje, quando o colonialismo se revela mortal, tornando-se comprometedor, ela recua em toda parte; quase não o defende mais, e às vezes já começa até mesmo a atacá-lo. Em suma, ela se serviu dele como ele dela, mas sempre conservou sua finalidade própria. Inversamente, se o colonialista recompensou a Igreja por sua ajuda, concedendo-lhe privilégios importantes, terrenos, subvenções, um lugar inadequado para seu papel na colônia, nunca desejou que ela obtivesse êxito, isto é, a conversão de todos os colonizados. Se realmente assim tivesse desejado, teria permitido que a Igreja realizasse seu sonho. Principalmente no início da colonização, quando dispunha de total liberdade de ação, de ilimitado poder de opressão e de ampla cumplicidade internacional.

Mas o colonialista não podia favorecer um empreendimento que teria contribuído para a dissipação da relação colonial. A conversão do colonizado à religião do colonizador teria sido uma etapa no caminho da assimilação. Foi uma das razões pelas quais as missões coloniais fracassaram.

Outro exemplo: não há mais salvação social do que salvação mística para o colonizado. Assim como ele não pode se livrar de sua condição por meio da conversão religiosa, não lhe seria permitido deixar seu grupo social para reunir-se ao grupo colonizador.

Toda opressão, na verdade, se dirige globalmente a um agrupamento humano, e, *a priori*, todos os indivíduos, enquanto membros deste grupo, são por ela anonimamente atingidos. Ouvimos freqüentemente a afirmação de que os operários, isto é, *todos* os operários, porque são operários, são acometidos de tais defeitos e tais taras. A acusação racista, feita contra os colonizados, só pode ser coletiva, e todo colonizado, sem exceção, deve responder por ela. Admite-se, contudo, que a opressão operária comporta uma saída: ao menos teoricamente, um operário pode deixar sua classe e mudar de estatuto. Ao passo que, no âmbito da colonização, nada poderá salvar o colonizado. Ele nunca poderá entrar para o clã dos privilegiados; ainda que ganhe mais dinheiro do que eles, que obtenha todos os títulos, que aumente infinitamente seu poder.

Comparamos a opressão e a luta colonial à opressão e à luta de classes. A relação colonizador-colonizado, de povo a povo, no seio das nações, pode de fato recordar a relação burguesia-proletariado, no seio de uma nação. Mas é preciso mencionar, além disso, a estanquidade quase absoluta dos agrupamentos coloniais. Para isso concorrem todos os esforços do colonialista; e o racismo é, a esse respeito, a arma mais segura: a passagem se torna, de fato, impossível, e toda revolta seria absurda.

O racismo aparece, assim, não como um detalhe mais ou menos acidental, mas como um elemento consubstancial ao colonialismo. Ele é a melhor expressão do fato colonial, e um dos traços mais significativos do colonialista. Não apenas estabelece a discriminação fundamental entre colonizador e colonizado, condição *sine qua non* da vida colonial, como fundamenta sua *imutabilidade*. Só o racismo autoriza a afirmar para a eternidade, substantivando-a, uma relação histórica que teve um começo datado. Daí o seu extraordinário desenvolvimento na colônia; e a coloração racista do menor procedimento, intelectual ou ativo, do colonialista e até mesmo de todo colonizador. E não apenas dos homens da rua: um psiquiatra de Rabat ousou afirmar para mim, após vinte anos de profissão, que as neuroses norte-africanas podiam ser explicadas pela *alma norte-africana*.

Essa alma ou essa etnia ou esse psiquismo dá conta das instituições de um outro século, da ausência de desenvolvimento técnico, da necessária submissão política, da totalidade do drama, enfim. Ela demonstra luminosamente que a situação colonial era irremediável e será definitiva.

A AUTO-ABSOLVIÇÃO

E eis o toque final. Como a servidão do colonizado pareceu escandalosa ao colonizador, ele precisou explicá-la, sob pena de concluir pelo escândalo e pela insegurança de sua própria existência. Graças a uma dupla reconstrução do colonizado e de si mesmo, ele vai de um só golpe justificar-se e tranqüilizar-se.

Portador dos valores da civilização e da história, ele realiza uma missão: tem o imenso mérito de iluminar as infamantes trevas do colonizado. Que esse papel lhe traga vantagens e

RETRATO DO COLONIZADO

respeito é apenas justiça: a colonização é legítima, em todos os seus sentidos e conseqüências.

Por outro lado, como a servidão está inscrita na natureza do colonizado, e a dominação na sua, não haverá desenlace. Às delícias da virtude recompensada, ele acrescenta a necessidade das leis naturais. A colonização é *eterna*, ele pode considerar seu futuro sem qualquer preocupação.

Depois disso, tudo se tornaria possível e assumiria um sentido novo. O colonialista poderia se permitir viver quase relaxado, benevolente e mesmo benfeitor. O colonizado só poderia lhe ser *grato* por abrir mão do que lhe cabe. É aqui que se inscreve a espantosa atitude mental chamada de *paternalista*. O paternalista é aquele que, uma vez admitidos o racismo e a desigualdade, se pretende generoso para além deles. Trata-se, se assim quisermos, de um racismo caridoso — que não é nem o menos hábil nem o menos rentável. Pois o paternalismo mais aberto se revolta assim que o colonizado *reivindica* alguma coisa, seus direitos sindicais, por exemplo. Se ele aumenta o salário do colonizado, se sua mulher cuida dele, trata-se de doação, nunca de dever. Se ele reconhecesse que tem deveres, precisaria admitir que o colonizado tem direitos. Ora, está entendido, por tudo o que precede, que ele não tem deveres, e que o colonizado não tem direitos.

Tendo instaurado essa nova ordem moral em que, por definição, ele é senhor e inocente, o colonialista teria enfim absolvido a si mesmo. É preciso ainda que essa ordem jamais seja recolocada em questão pelos outros, sobretudo pelo colonizado.

PARTE 2   Retrato do colonizado

1. Retrato mítico do colonizado

NASCIMENTO DO MITO

Assim como a burguesia propõe uma imagem do proletário, a existência do colonizador demanda e impõe uma imagem do colonizado. Álibis sem os quais o comportamento do colonizador e o do burguês, suas próprias existências, pareceriam escandalosos. Mas expomos a mistificação porque ela lhes convém bastante bem.

Consideremos, nesse retrato-acusação, o traço da preguiça. Ele parece reunir a unanimidade dos colonizadores, da Libéria ao Laos, passando pelo Magreb. É fácil ver até que ponto essa caracterização é *cômoda*. Ela ocupa um lugar de destaque na dialética: enobrecimento do colonizador — rebaixamento do colonizado. Além disso, é *economicamente frutífera*.

Nada melhor para legitimar o privilégio do colonizador do que seu trabalho; nada melhor para justificar a penúria do colonizado do que sua ociosidade. O retrato mítico do colonizado abarcará, portanto, uma inacreditável preguiça. O do colonizador, o gosto vertical pela ação. Ao mesmo tempo, o colonizador sugere que o emprego do colonizado é pouco rentável, o que autoriza esses salários inverossímeis.

Pode parecer que a colonização teria ganhado se dispusesse de um pessoal emérito. Nada é mais incerto. O operário qualificado, que existe entre os similicolonizadores, exige um salário três ou quatro vezes superior ao do colonizado; ora, ele não produz três ou quatro vezes mais, nem em quantidade nem em qualidade: *é mais econômico utilizar três colonizados que um europeu*. Qualquer empreendimento demanda especialistas, é claro, mas um número mínimo, que o colonizador importa ou recruta entre os seus. Sem contar a proteção legal e as atenções justamente exigidas pelo trabalhador europeu. Ao colonizado, só se pedem seus braços, ele não passa disso; e esse braços são tão mal cotados que se podem alugar três ou quatro pares deles ao preço de um.

Se se escuta, aliás, o colonizador, descobre-se que ele não se aborrece tanto com essa preguiça, suposta ou real. Fala dela com divertida complacência, brinca com ela; retoma todas as expressões habituais e as aperfeiçoa, inventa outras. Nada basta para caracterizar a extraordinária deficiência do colonizado. Ela o torna lírico, um lirismo negativo: o colonizado não tem apenas um pêlo na mão,[*] mas um caniço, e que árvore! um eucalipto, uma tuia, um carvalho centenário da América! uma árvore? não, uma floresta! etc.

Mas o colonizado é mesmo preguiçoso?, insistirão. A questão, para dizer a verdade, está mal colocada. Além do

---

[*] A expressão *avoir un poil dans la main* — que literalmente significa "ter um pêlo na mão" — significa ser preguiçoso. (*N. do T.*)

fato de que seria preciso definir um ideal como referência, uma norma, variável de um povo a outro, pode-se acusar de preguiça um povo inteiro? É possível suspeitar de indivíduos, que podem até ser muitos em um mesmo grupo; é possível se perguntar se o rendimento deles não é medíocre; se a subalimentação, os baixos salários, o futuro sem perspectivas, uma significação irrisória de seu papel social desinteressam o colonizado de sua tarefa. O que é suspeito é que a acusação não visa apenas ao trabalhador agrícola ou ao habitante das favelas, mas também ao professor, ao engenheiro ou ao médico, que fornecem as mesmas horas de trabalho que seus colegas colonizadores, enfim, a *todos* os indivíduos do agrupamento colonizado. O que é suspeito é a *unanimidade* da acusação e a *globalidade* de seu objeto; de maneira que nenhum colonizado é salvo, nem nunca poderia ser. Isto é: *a independência da acusação de todas as condições sociológicas e históricas.*

De fato, não se trata de modo algum de uma observação objetiva e, portanto, diferenciada, e submetida a prováveis transformações, mas de uma *instituição*: por meio de sua acusação, o colonizador institui o colonizado como ser preguiçoso. Decide que a preguiça é *constitutiva* da essência do colonizado. Isto posto, torna-se evidente que o colonizado, qualquer que seja a função que assuma, qualquer que seja o zelo com que a ela se dedique, nunca será nada além de preguiçoso. Voltamos sempre ao racismo, que é precisamente uma substantificação, em benefício do acusador, de um traço real ou imaginário do acusado.

É possível retomar a mesma análise a propósito de cada um dos traços emprestados ao colonizado.

Quando o colonizador afirma, em sua linguagem, que o colonizado é um débil, sugere com isso que essa deficiência demanda proteção. Daí, sem risos — ouvi isso com freqüência —, a noção de protetorado. É do próprio interesse do colonizado ser excluído das funções dirigentes; e que essas pesadas responsabilidades sejam reservadas ao colonizador. Quando o colonizador acrescenta, para não cair na solicitude, que o colonizado é um retardado perverso, com maus instintos, ladrão, ligeiramente sádico, legitima assim sua polícia e sua justa severidade. É preciso mesmo se defender contra as perigosas tolices de um irresponsável; e também, preocupação meritória, defendê-lo contra si próprio! É a mesma coisa para a ausência de necessidades do colonizado, sua inaptidão ao conforto, à técnica, ao progresso, sua espantosa familiaridade com a miséria: por que o colonizador se inquietaria com o que quase não preocupa o interessado? Seria, acrescenta ele com uma filosofia sombria e audaciosa, prestar-lhe um mau serviço obrigá-lo às servidões da civilização. Vamos! Lembremo-nos de que a sabedoria é oriental, aceitemos, como ele, a miséria do colonizado. É também a mesma coisa para a famosa ingratidão do colonizado, sobre a qual insistiram autores considerados sérios: ela lembra ao mesmo tempo tudo o que o colonizado deve ao colonizador, que todos esses benefícios são um desperdício, e que é inútil pretender emendar o colonizado.

É notável que esse quadro não tenha outra necessidade.

É difícil, por exemplo, harmonizar todos esses traços entre si, proceder a uma *síntese objetiva* deles. Praticamente não se entende por que o colonizado seria a um só tempo menor e mau, preguiçoso e retardado. Ele poderia ser menor e bom, como o bom selvagem do século XVIII, ou pueril e resistente no trabalho, ou preguiçoso e astuto. Melhor ainda, os traços emprestados ao colonizado se excluem mutuamente, sem que isso incomode seu procurador. Ele é retratado ao mesmo tempo como frugal, sóbrio, sem necessidades extensas *e* capaz de engolir quantidades repulsivas de carne, gordura, álcool, qualquer coisa; como um covarde que tem medo de sofrer *e* como um selvagem que não é detido por nenhuma das inibições da civilização etc. Prova suplementar de que é inútil buscar essa coerência em outro lugar que não no próprio colonizador. Na base de toda a construção, enfim, encontra-se uma dinâmica única: a das exigências econômicas e afetivas do colonizador, que ocupa para ele um lugar lógico, comanda e explica cada um dos traços que empresta ao colonizado. Definitivamente, eles são todos *vantajosos* para o colonizador, mesmo aqueles que, em primeira aparência, lhe seriam danosos.

A DESUMANIZAÇÃO

Pouco importa ao colonizador o que o colonizado verdadeiramente é. Longe de querer apreender o colonizado em sua realidade, ele se preocupa em fazê-lo sofrer essa indispensável transformação. E o mecanismo dessa remodelagem do colonizado é por si próprio esclarecedor.

Ele consiste primeiramente em uma série de negações. O colonizado *não é* isto, *não é* aquilo. Jamais é considerado positivamente; se o é, a qualidade concedida está ligada a uma *falta* psicológica ou ética. É o caso da hospitalidade árabe, que dificilmente passa por um traço negativo. Se prestarmos atenção, descobrimos que o elogio provém de turistas, de europeus de passagem, raramente de colonizadores, isto é, de europeus habitantes da colônia. Uma vez instalado, o europeu não aproveita mais essa hospitalidade, interrompe as trocas, contribui para as barreiras. Ele rapidamente muda de paleta para pintar o colonizado, que se torna invejoso, retirado, exclusivo, fanático. Em que se transforma a famosa hospitalidade? Já que não pode negá-la, o colonizador destaca então suas sombras, suas conseqüências desastrosas.

Ela provém da irresponsabilidade, da prodigalidade do colonizado, que não tem senso de previsão, de economia. Do notável ao felá, as festas são belas e generosas, de fato, mas vejamos o que acontece depois! O colonizado se arruína, pede emprestado e finalmente paga com o dinheiro dos outros! Falam, ao contrário, da modéstia da vida do colonizado? Da não menos famosa ausência de necessidades? Não é tanto uma prova de sabedoria, mas de estupidez. Como se, enfim, todo traço reconhecido ou inventado *tivesse que* ser o índice de uma negatividade.

Assim se degradam, uma a uma, todas as qualidades que fazem do colonizado um homem. E a humanidade do colonizado, recusada pelo colonizador, torna-se de fato, para ele, opaca. É inútil, pretende ele, tentar *prever* os comportamentos do colonizado ("Eles são imprevisíveis!"... "Com eles, nunca se sabe!"). Uma estranha e inquietante impulsividade lhe parece comandar o colonizado. É preciso que o colonizado seja muito estranho, na verdade, para permanecer tão misterioso depois de tantos anos de coabitação... ou é preciso pensar que o colonizador tem fortes razões para se apegar a essa ilegibilidade.

Outro sinal dessa despersonalização do colonizado: o que poderíamos chamar de *marca do plural*. O colonizado jamais é caracterizado de uma maneira diferencial; só tem direito ao afogamento no coletivo anônimo ("*Eles* são isto... *Eles* são todos iguais"). Se a empregada doméstica colonizada não aparece em uma manhã, o colonizador não dirá que *ela* está doente, ou que *ela* trapaceia, ou que *ela* está tentada a não respeitar um contrato abusivo (sete dias em sete; os domésticos colonizados raramente desfrutam da folga semanal concedida aos outros). Ele afirmará que "não se pode contar com *eles*". Não é uma disposição formal. Ele se recusa a considerar os acontecimentos particulares da vida de sua empregada; essa vida, em sua especificidade, não lhe interessa, sua empregada não existe como *indivíduo*.

Enfim, o colonizador nega ao colonizado o mais precioso direito reconhecido à maior parte dos homens: a liberdade. As condições de vida feitas para o colonizado pela colonização não a levam em conta de nenhuma maneira, nem sequer a supõem. O colonizado não dispõe de saída para deixar seu estado de infortúnio: nem de saída jurídica (a naturalização) nem de saída mística (a conversão religio-sa): o colonizado não é livre para decidir se é colonizado ou não colonizado.

O que pode lhe restar, ao termo desse obstinado esforço de desnaturação? Ele certamente não é mais um *alter ego* do colonizador. Mal permanece ainda um ser humano. Tende rapidamente ao objeto. No limite, ambição suprema do colonizador, ele deveria *passar a existir apenas em função das necessidades do colonizador, isto é, transformar-se em colonizado puro.*

Pode-se ver a extraordinária eficácia dessa operação. Que dever sério se tem em relação a um animal ou a uma coisa, com o que o colonizado se assemelha cada vez mais? Compreende-se então que o colonizador venha a se permitir atitudes e julgamentos tão escandalosos. Um colonizado que dirige um automóvel é um espetáculo com o qual o colonizador se recusa a se acostumar; nega-lhe toda normalidade, como a uma pantomima simiesca. Um acidente, mesmo grave, que atinge o colonizado, quase o faz rir. Uma multidão colonizada metralhada faz com que dê de ombros. Aliás, uma mãe nativa que chora a morte de seu filho, uma mãe nativa que chora a morte de seu marido recordam-lhe apenas vagamente a dor de uma mãe ou de uma esposa. Esses gritos desordenados, esses gestos insólitos bastariam para esfriar sua compaixão se ela viesse a nascer. Por último, um autor nos contava com graça como, a exemplo do que ocorre na caça, desciam-se em grandes jaulas os nativos revoltados. Que se tenha imaginado e depois ousado construir essas jaulas, e, talvez ainda mais, que se tenha deixado jornalistas fotografarem as capturas, demonstra que, no espírito de seus organizadores, o espetáculo nada mais tinha de humano.

A MISTIFICAÇÃO

Uma vez que esse delírio destruidor nasceu das exigências do colonizador, não surpreende que seja tão bem aceito por ele, que confirme e justifique o seu comportamento. Mais notável, talvez mais nocivo, é o eco que ele suscita no próprio colonizado.

Constantemente confrontado com essa imagem de si mesmo que é proposta, imposta, não apenas nas instituições mas em todo contato humano, como ele poderia não reagir? Ela não lhe pode ser indiferente, colada a ele, como um insulto que voa com o vento. Ele acaba reconhecendo-a, tal como um apelido detestado mas transformado em sinal familiar. A acusação o perturba e o inquieta na mesma proporção em que admira e teme seu poderoso acusador. Será que este não tem uma certa razão?, murmura. Será que não somos mesmo um pouco culpados? Preguiçosos, já que temos tantos ociosos entre nós? Medrosos, já que nos deixamos oprimir? Desejado, difundido pelo colonizador, esse retrato místico e degradante termina, em certa medida, por ser aceito e vivido pelo colonizado. Ele ganha assim uma certa realidade, *contribuindo para o retrato real do colonizado*.

Esse mecanismo é conhecido: trata-se de uma mistificação. A ideologia de uma classe dirigente, como se sabe, se faz adotar em larga escala pelas classes dirigidas. Ora, toda ideologia de combate compreende, como parte integrante de si mesma, uma concepção do adversário. Ao aceitar essa ideologia, as classes dominadas confirmam, de certa maneira, o papel que lhes foi atribuído. Isso explica, entre outras coisas, a relativa estabilidade das sociedades; a opressão é, de boa ou má vontade, tolerada pelos próprios oprimidos. Na relação colonial, a dominação se exerce de um povo a outro, mas o esquema permanece o mesmo. A caracterização e o papel do colonizado ocupam um lugar privilegiado na ideologia colonizadora; caracterização infiel ao real, incoerente em si mesma, mas necessária e coerente no interior dessa ideologia. E a que o colonizado dá seu assentimento, perturbado, parcial, mas inegável.

Esta é a única parcela de verdade nessas noções tão em moda: complexo de dependência, colonizabilidade etc. Existe, seguramente — em certo ponto de sua evolução —, uma certa adesão do colonizado à colonização. Mas essa adesão é o resultado da colonização, e não sua causa; ela nasce *depois* e não antes da ocupação colonial. Para que o colonizador seja completamente o senhor, não basta sê-lo objetivamente, é preciso ainda que ele creia em sua legitimidade; e para que essa legitimidade seja completa, não basta que o colonizado seja objetivamente escravo, é necessário que ele se aceite como tal. Em suma, o colonizador deve ser reconhecido pelo colonizado. O laço entre o colonizador e o colonizado é, assim, destrutivo e criador. Ele destrói e recria os dois parceiros da colonização como colonizador e colonizado: um é desfigurado como opressor, como ser parcial, incivil, trapaceiro, preocupado unicamente com seus privilégios, com sua defesa a qualquer preço; o outro como oprimido, refreado em seu desenvolvimento, compondo com seu próprio esmagamento.

Assim como o colonizador é tentado a aceitar-se como colonizador, o colonizado é obrigado, para viver, a aceitar-se como colonizado.

2. Situação do colonizado

Teria sido bom demais que esse retrato mítico tivesse permanecido um puro fantasma, um olhar lançado sobre o colonizado, que só teria servido para suavizar a má consciência do colonizador. Realçado pelas mesmas exigências que o suscitaram, ele não pode deixar de se traduzir em comportamentos efetivos, em comportamentos atuantes e constituintes.

Uma vez que o colonizado é *presumido* ladrão, há que se precaver *efetivamente* contra ele; suspeito por definição, por que não seria culpado? Roupa foi roubada (incidente freqüente neste país de sol, em que a roupa seca em pleno vento e desafia quem está nu). Quem deve ser o culpado se não o primeiro colonizado percebido na paragem? E já que *talvez* seja ele, vão à sua casa e o levam ao posto da polícia.

"Que bela injustiça", objeta o colonizador! "Uma vez em duas, acertam. E, de qualquer maneira, o ladrão é um colonizado; se não o encontram no primeiro casebre, está no segundo."

O que é exato: o ladrão (refiro-me ao pequeno) se recruta de fato entre os pobres, e os pobres, entre os colonizados. Mas pode-se concluir daí que todo colonizado seja um ladrão possível e deva ser tratado como tal?

Ao se dirigirem ao conjunto dos colonizados, esses comportamentos, comuns ao conjunto dos colonizadores, se expressarão como instituições. Em outras palavras, eles definem e impõem situações objetivas, que limitam o colonizado, pesam sobre ele, até infletir sobre seu comportamento e imprimir rugas em seu rosto. Em resumo, essas situações serão *situações de carências*. À agressão ideológica que tende a desumanizá-lo e, em seguida, a mistificá-lo, correspondem em suma situações concretas que visam ao mesmo resultado. Ser mistificado já é, mais ou menos, avalizar o mito e a ele conformar seu comportamento, isto é, ser regido por ele. Ora, além disso, esse mito se apóia solidamente em uma organização bastante real, uma administração e uma jurisdição; alimentado, renovado pelas exigências históricas, econômicas e culturais do colonizador. Seria ele insensível à calúnia e ao desprezo, daria ele de ombros diante do insulto ou do caos? Como o colonizado escaparia dos baixos salários, da agonia de sua cultura, da lei que o rege do nascimento até a morte?

Assim como não pode escapar da mistificação colonizadora, ele não conseguiria evitar tais situações concretas, geradoras de carências. Em certa medida, o retrato real do colonizado é função dessa conjunção. Invertendo uma fórmula anterior, podemos dizer que a colonização fabrica colonizados, assim como vimos que fabricava colonizadores.

O COLONIZADO E A HISTÓRIA...

A mais grave carência sofrida pelo colonizado é a de ser colocado *fora da história* e *fora da cidade*. A colonização lhe suprime qualquer possibilidade de participação livre tanto na guerra quanto na paz, de decisão que contribua para o destino do mundo ou para o seu, de responsabilidade histórica e social.

É claro que acontece de os cidadãos dos países livres, tomados de desânimo, concluírem que nada têm a ver com as questões da nação, que sua ação é irrisória, que sua voz não tem alcance, que as eleições são manipuladas. A imprensa e o rádio estão nas mãos de alguns; eles não podem impedir a guerra nem exigir a paz; nem sequer obter dos eleitos por eles respeitados que, uma vez empossados, confirmem a razão pela qual foram enviados ao Parlamento... Mas logo reconhecem que têm o *direito* de interferir; o poder potencial, se não eficaz: que estão sendo enganados ou estão cansados, mas não são escravos. São homens livres, momentaneamente vencidos pela astúcia ou entorpecidos pela demagogia. E às vezes, excedidos, ficam subitamente enraivecidos, quebram suas correntes de barbante e perturbam os pequenos cálculos dos políticos. A memória popular guarda uma orgulhosa lembrança dessas periódicas e justas tempestades! Considerando bem, eles deveriam antes de tudo se culpar por não se revoltarem mais freqüentemente; são responsáveis, afinal, por sua própria liberdade, e se, por cansaço ou fraqueza, ou ceticismo, não a usam, merecem punição.

Mas o colonizado não se sente nem responsável nem culpado nem cético; simplesmente fica fora do jogo. De nenhuma maneira é sujeito da história; é claro que sofre o peso dela, com freqüência mais cruelmente do que os outros, mas sempre como objeto. Acabou perdendo o hábito de toda participação ativa na história e nem sequer a reivindica mais. Por menos que dure a colonização, perde até mesmo a lembrança de sua liberdade; esquece o quanto ela custa ou não ousa mais pagar seu preço. Senão, como explicar que uma guarnição de alguns poucos homens possa sustentar um posto de montanha? Que um punhado de colonizadores freqüentemente arrogantes possa viver no meio de uma multidão de colonizados? Os próprios colonizadores se espantam, e é por isso que acusam o colonizado de covardia. A acusação é fácil demais, na verdade; eles sabem muito bem que, se estivessem ameaçados, sua solidão seria rapidamente rompida: todos os recursos da técnica, telefone, telegrama, avião colocariam à sua disposição, em alguns minutos, terríveis meios de defesa e destruição. Para um colonizador morto, centenas, milhares de colonizados foram ou serão exterminados. A experiência foi renovada — talvez provocada — um número suficiente de vezes para ter convencido o colonizado da inevitável e terrível sanção. Tudo foi feito para apagar nele a coragem de morrer e de enfrentar a visão do sangue.

Torna-se muito mais claro que, se se trata de fato de uma carência, nascida de uma situação e da vontade do colonizador, está limitada a apenas isso. Não há como associá-la a alguma impotência congênita em assumir a história. A própria dificuldade do condicionamento negativo, a obstinada severidade das leis já o demonstram. Enquanto a indulgência é plenária para os pequenos arsenais do colonizador, a descoberta de uma arma enferrujada implica uma punição imediata. A famosa *fantasia** passou a ser apenas um número de animais domésticos, a quem se pede para rugir como antigamente para causar arrepios nos convidados. Mas o animal ruge muito bem; e a nostalgia das armas está sempre ali, está em todas as cerimônias, do norte ao sul da África. A carência guerreira parece proporcional à importância da presença colonizadora; as tribos mais isoladas permanecem as mais dispostas a pegar suas armas. Isso não é prova de *selvageria*, mas de que o condicionamento não está alimentado o bastante.

É por isso, também, que a experiência da última guerra foi tão decisiva. Ela não apenas, como se disse, ensinou imprudentemente aos colonizados a técnica da guerrilha. Lembrou-lhes, sugeriu-lhes a possibilidade de um comportamento agressivo e livre. Os governos europeus que, depois dessa guerra, proibiram a projeção, nas salas de cinema coloniais, de filmes como *A batalha nos trilhos*,** tinham razão, de seu ponto de vista. Os *westerns* americanos, os filmes de gângsteres, os anúncios de propaganda de guerra já mostravam, objetaram-lhes, a maneira de usar um revólver ou uma metralhadora. Mas a significação dos filmes de resistência é completamente diferente: alguns oprimidos, muito pouco ou nada armados, *ousavam* atacar seus opressores.

---

*Praticada na África do Norte, a *fantasia* é um antigo exercício militar que acompanha atualmente festas religiosas e civis. Nela, dezenas de cavaleiros descarregam seus fuzis depois de uma evolução a galope em seus cavalos. (*N. do T.*)
**Trata-se de *La Bataille du Rail*, de René Clément (1945). (*N. do T.*)

Um pouco mais tarde, quando explodiram as primeiras perturbações nas colônias, aqueles que não compreenderam muito bem seu sentido se tranqüilizavam contabilizando os combatentes ativos e ironizando a pequena quantidade deles. O colonizado hesita, de fato, antes de retomar seu destino em suas próprias mãos. Mas o sentido do acontecimento ultrapassava tanto seu peso aritmético! Alguns colonizados não tremiam mais diante do uniforme do colonizador! Brincava-se com a insistência dos revoltados em vestir-se de cáqui e de maneira homogênea. Eles esperam, é claro, ser considerados como soldados e tratados de acordo com as leis da guerra. Mas há algo mais nessa obstinação: eles reivindicam, revestem a aparência da história; pois — infelizmente é assim — a história, hoje, está vestida como militar.

... O COLONIZADO E A CIDADE

O mesmo acontece relativamente às questões da cidade: "Eles não são capazes de se governar sozinhos", diz o colonizador. "É por isso" explica, "que não os deixo... e jamais os deixarei chegar ao governo."

O fato é que o colonizado não governa. Que, estritamente afastado do poder, acaba realmente perdendo o hábito e o gosto por ele. Como se interessaria por aquilo de que está tão decididamente excluído? Os colonizados não são ricos em homens de governo. Como é que uma tão longa vacância de poder autônomo suscitaria competências? Será que o colonizador pode se prevalecer deste presente manipulado para barrar o futuro?

Como as organizações colonizadas têm reivindicações nacionalistas, conclui-se com freqüência que o colonizado é chauvinista. Nada é mais incerto. Trata-se, ao contrário, de uma ambição, e de uma técnica de congregação que apela para motivos passionais. Exceto nos militantes desse renascimento nacional, os sinais habituais do chauvinismo — amor agressivo pela bandeira, utilização de cantos patrióticos, consciência aguda de pertencer a um mesmo organismo nacional — são raros no colonizado. Repete-se que a colonização precipitou a tomada de consciência nacional do colonizado. Seria também possível afirmar que ela moderou seu ritmo ao manter o colonizado fora das condições objetivas da nacionalidade contemporânea. Será uma coincidência o fato de os povos colonizados serem os últimos a nascer para essa consciência de si mesmos?

O colonizado não desfruta de nenhum dos atributos da nacionalidade; nem da sua, que é dependente, contestada, sufocada, nem, bem entendido, da do colonizador. Ele quase não pode contar com uma nem reivindicar a outra. Uma vez que não tem seu justo lugar na cidade, que não goza dos direitos do cidadão moderno, que não está submetido a seus deveres correntes, que não vota e não carrega o peso das questões comuns, não pode se sentir um verdadeiro cidadão. Depois da colonização, o colonizado praticamente jamais vive as experiências da nacionalidade e da cidadania, a não ser *privadamente: nacionalmente, civicamente, ele é apenas aquilo que o colonizador não é.*

A CRIANÇA COLONIZADA

Essa mutilação social e histórica é provavelmente a mais grave e a mais cheia de conseqüências. Ela contribui para provocar carências em outros aspectos da vida do colonizado e, por um efeito de retorno freqüente nos processos humanos, encontra-se ela própria alimentada pelas outras enfermidades do colonizado.

Ao não se considerar como um cidadão, o colonizado também perde a esperança de ver seu filho tornar-se um. Como logo renuncia à idéia para si mesmo, não elabora mais o projeto, eliminando-o de suas ambições paternas e não lhe dando nenhum lugar em sua pedagogia. Nada, portanto, sugerirá ao jovem colonizado a segurança, o orgulho de sua cidadania. Ele não esperará suas vantagens, nem será preparado para assumir seus encargos. (O mesmo ocorre, naturalmente, em sua educação escolar, na qual as alusões à cidade e à nação sempre serão referidas à nação colonizadora.) Esse furto pedagógico, resultado da carência social, vem, portanto, perpetuar essa mesma carência, que atinge uma das dimensões essenciais do indivíduo colonizado.

Mais tarde, adolescente, é difícil que entreveja a única saída para uma situação familiar desastrosa: a revolta. O círculo é bem fechado. A revolta contra o pai e a família é um ato sadio e indispensável ao acabamento de si mesmo; permite-lhe começar a vida de homem; nova batalha, feliz e infeliz, mas travada junto com outros homens. O conflito das gerações pode e deve se resolver no conflito social; inversamente, ele se torna, assim, fator de movimento e de progresso. As jovens ge-

RETRATO DO COLONIZADO / RETRATO DO COLONIZADOR

rações encontram no movimento coletivo a solução de suas dificuldades, e, ao escolherem o movimento, aceleram-na. Mas é preciso ainda que esse movimento seja possível. Ora, com que vida, com que dinâmicas sociais nos deparamos aqui? A vida da colônia é petrificada; suas estruturas são a um só tempo cerceadas e esclerosadas. Nenhum papel novo se oferece ao jovem, nenhuma invenção é possível. O que o colonizador reconhece por meio de um eufemismo que se tornou clássico: ele *respeita*, proclama, os usos e costumes do colonizado. E é claro que só pode *respeitá*-los, ainda que à força. *Como toda mudança só pode ser feita contra a colonização*, o colonizador é levado a favorecer os elementos mais retrógrados. Ele não é o único responsável por essa mumificação da sociedade colonizada; é com relativa boa-fé que sustenta que ela é independente de sua *vontade*. Ela decorre amplamente, porém, da *situação colonial*. Não sendo senhora de seu destino, não sendo mais sua própria legisladora, não dispondo de sua organização, a sociedade colonizada não consegue mais harmonizar suas instituições com suas necessidades profundas. Ora, são essas necessidades que modelam o rosto organizacional de toda sociedade normal, ao menos relativamente. É sob sua constante pressão que o rosto político e administrativo da França progressivamente se transformou ao longo dos séculos. Mas se a discordância se torna demasiado flagrante, e a harmonia impossível de ser realizada nas formas legais existentes, o resultado é a revolução ou a esclerose.

A sociedade colonizada é uma sociedade enferma em que a dinâmica interna não consegue mais produzir estruturas novas. Seu rosto endurecido pela história não passa de uma

139

máscara, sob a qual ela sufoca e agoniza lentamente. Uma sociedade como essa não pode assimilar os conflitos de gerações, pois não se deixa transformar. A revolta do adolescente colonizado, longe de se resolver como movimento, progresso social, só pode afundar nos pântanos da sociedade colonizada (*A menos que seja uma revolta absoluta*, voltaremos a isso).

OS VALORES-REFÚGIO

Cedo ou tarde, ele se acomoda, portanto, a posições defensivas, isto é, aos valores tradicionais.

Assim se explica a espantosa sobrevivência da família colonizada: ela se oferece como um verdadeiro valor-refúgio. Ela salva o colonizado do desespero de uma derrota total, mas se vê, em troca, confirmada pela constante afluência de sangue novo. O jovem se casará e se transformará em pai de família devotado, em irmão solidário, em tio responsável, e, até que tome o lugar do pai, em filho respeitoso. Tudo voltou à ordem: a revolta e o conflito culminaram na vitória dos pais e da tradição.

Mas é uma triste vitória. A sociedade colonizada não terá dado nem meio passo; para o jovem, é uma catástrofe interior. Definitivamente, ele permanecerá aglutinado a essa família, que lhe oferece calor e ternura, mas que o mima, o absorve e o castra. A cidade não exige dele deveres completos de cidadão? Estes lhe seriam recusados se ele pensasse em reivindicá-los? Ela lhe concede poucos direitos, lhe proíbe qualquer vida

RETRATO DO COLONIZADO / RETRATO DO COLONIZADOR

nacional? Na verdade, ele não precisa mais imperiosamente disso. Seu lugar certo, sempre reservado na doce insipidez das reuniões de clã, o preenche. Ele teria medo de sair dali. De boa vontade, agora, ele se submete, como os outros, à autoridade do pai e se prepara para substituí-lo. O modelo é débil, seu universo é o de um vencido! Mas que outra saída lhe resta?... Por um curioso paradoxo, o pai é ao mesmo tempo débil e invasivo, porque completamente adotado. *O jovem está pronto para endossar seu papel de adulto colonizado: isto é, para aceitar-se como ser oprimido.*

O mesmo vale para a indiscutível ascendência de uma religião, ao mesmo tempo vivaz e formal. Complacentemente, os missionários apresentam esse formalismo como um traço essencial das religiões não cristãs. Sugerindo assim que o único meio de sair delas seria passar para a religião vizinha.

De fato, todas as religiões têm momentos de formalismo coercitivo e momentos de flexibilidade indulgente. Resta explicar por que tal grupo humano, em tal período de sua história, passa por tal estágio. Por que essa rigidez se acentua em religiões colonizadas?

Seria inútil arquitetar uma psicologia religiosa particular do colonizado; ou apelar para a famosa natureza-que-explica-tudo. Se meus alunos colonizados dão uma certa atenção ao fato religioso, não observei neles uma religiosidade excessiva. A explicação me parece paralela à da ascendência familiar. Não é uma psicologia original que explica a importância da família, nem a intensidade da vida familiar, o estado das estruturas sociais. É, ao contrário, a impossibilidade de uma vida social completa, de um livre funcionamento da dinâmica social, que mantém o vigor da família e encerra o indivíduo nessa célula mais restrita, que o salva e o sufoca. Da mesma maneira, o estado global das instituições colonizadas dá conta do peso abusivo do fato religioso.

Com seu resultado institucional, suas festas coletivas e periódicas, a religião constitui um outro *valor-refúgio*: tanto para o indivíduo quanto para o grupo. Para o indivíduo, ela se oferece como uma das raras linhas de recuo; para o grupo, é uma das raras manifestações que podem proteger sua existência original. Como a sociedade colonizada não possui estruturas nacionais e não pode imaginar para si um futuro histórico, tem que se contentar com o torpor passivo de seu presente. Este mesmo presente que ela deve subtrair à invasão conquistadora da colonização que a cerca por todos os lados, que a penetra com sua técnica, com seu prestígio junto às gerações mais jovens. O formalismo, do qual o religioso é apenas um aspecto, é o cisto no qual ela se fecha e se endurece, reduzindo sua vida para salvá-la. Reação espontânea de autodefesa, meio de salvaguarda da consciência coletiva, sem a qual um povo rapidamente deixa de existir. Nas condições de dependência colonial, a libertação religiosa, assim como a fragmentação da família, teria comportado um risco grave de morrer para si mesma.

A esclerose da sociedade colonizada é, portanto, a conseqüência de dois processos de sinais contrários: *um enquistamento nascido do interior, uma camisa-de-força imposta do exterior.* Os dois fenômenos têm um fator comum: o contato com a colonização. Eles convergem em um resultado comum: a catalepsia social e histórica do colonizado.

A AMNÉSIA CULTURAL

Enquanto suporta a colonização, o colonizado tem como única alternativa possível a assimilação ou a petrificação. Como a assimilação lhe é recusada, nós o veremos, nada lhe resta mais a não ser viver fora do tempo. Ele é condenado a isso pela colonização e, em certa medida, se acomoda. Uma vez que a projeção e a construção de um futuro lhe são proibidas, ele se restringe a um presente; e esse mesmo presente lhe é amputado, abstraído.

Acrescentemos agora que ele dispõe cada vez menos de seu passado. O colonizador, aliás, jamais o conheceu; e todos sabem que o plebeu, cujas origens se desconhecem, não tem passado. Há coisas mais graves. Interroguemos o próprio colonizado: quais são seus heróis populares? Os grandes guias de povos? Seus sábios? Ele mal consegue citar alguns nomes, em completa desordem, e cada vez menos à medida que se desce nas gerações. *O colonizado parece condenado a perder progressivamente a memória.*

A lembrança não é um fenômeno de puro espírito. Assim como a memória do indivíduo é fruto de sua história e de sua fisiologia, a de um povo repousa em suas instituições. Ora, as instituições do colonizado estão mortas ou esclerosadas. Quanto às que conservam uma aparência de vida, ele quase não acredita mais nelas e verifica todos os dias sua ineficácia; ocorre-lhe ter vergonha delas, como de um monumento ridículo e caduco.

Toda a eficácia, ao contrário, assim como todo o dinamismo social parecem monopolizados pelas instituições do colonizador. O colonizado precisa de ajuda? É a elas que ele se dirige. Ele está em falta? É delas que recebe sanção. Irremediavelmente ele termina diante dos magistrados colonizadores. Quando um homem de autoridade, por acaso, usa barrete, terá o olhar fugidio e o gesto mais severo, como se quisesse evitar todo apelo, como se estivesse sob a vigilância constante do colonizador. A cidade está em festa? São as festas do colonizador, até mesmo religiosas, que se celebram com brilho: Natal e Joana d'Arc, o Carnaval e o Quatorze de Julho... são os exércitos do colonizador que desfilam, exatamente aqueles que esmagam o colonizado e o mantêm quieto, e o esmagarão novamente se preciso for.

É claro que, em virtude de seu formalismo, o colonizado conserva todas as suas festas religiosas, que são idênticas há séculos. Precisamente, são as únicas festas religiosas que, em certo sentido, estão fora do tempo. Mais exatamente, elas se encontram na origem do tempo da história, e não na história. Desde o momento em que foram instituídas, nada mais se passou na vida desse povo. Nada de particular a sua existência própria, que mereça ser retido pela consciência coletiva, e festejado. Nada a não ser um grande vazio.

Os poucos traços materiais, enfim, desse passado lentamente se apagam, e os vestígios futuros não mais portarão a marca do grupo colonizado. As poucas estátuas que demarcam a cidade figuram, com um incrível desprezo pelo colonizado que por elas passa todos os dias, os fatos marcantes da colonização. As construções tomam as formas preferidas pelo colonizador; e até mesmo os nomes de ruas recordam as províncias distantes de que ele provém. Ocorre, é claro, de o colonizador lançar um estilo neo-oriental, da mesma maneira que o colonizado imita o estilo europeu. Mas trata-se apenas de exotismo (velhas armas e baús antigos), e não de renascimento; o colonizado, por sua vez, só faz evitar seu passado.

A ESCOLA DO COLONIZADO

Por que meios ainda se transmite a herança de um povo?

Por intermédio da educação que dá às suas crianças, e da língua, maravilhoso depositório incessantemente enriquecido de novas experiências. As tradições e aquisições, os hábitos e conquistas, os fatos e gestos das gerações precedentes são assim legados e inscritos na história.

Ora, a imensa maioria das crianças colonizadas está na rua. E aquela que tem a insigne sorte de ser acolhida em uma escola nem por isso será nacionalmente salva: a memória que é constituída para ela seguramente não é a de seu povo. A história que lhe é ensinada não é a sua. Ela sabe quem foi Colbert ou Cromwell, mas não quem foi Khaznadar; quem foi Joana d'Arc, mas não Kahena. Tudo parece ter acontecido em outro lugar; seu país e ele próprio estão no ar, ou só existem relativamente aos gauleses, aos francos, ao Marne; relativamente ao que ele não é, ao cristianismo, quando ele não é cristão, ao Ocidente, que acaba diante de seu nariz, em uma linha ainda mais intransponível pelo fato de ser imaginária. Os livros o entretêm com um universo que em nada lembra o seu; o menino que se chama Totó e a menina que se chama

Marie; e nas noites de inverno, Marie e Totó, ao voltarem para casa por caminhos cobertos de neve, param diante do vendedor de castanhas. Seus professores, enfim, não asseguram a continuidade do pai, não são seu substituto prestigioso e salvador como todos os professores do mundo, são diferentes. A transferência não se faz, nem da criança para o professor, nem (muito freqüentemente, é preciso confessar) do professor para a criança; e isso a criança sente perfeitamente. Um de meus antigos colegas de turma me confessou que a literatura, as artes, a filosofia tinham permanecido efetivamente estrangeiras, como se pertencessem a um mundo estrangeiro, o da escola. Ele precisou de uma longa temporada parisiense para começar verdadeiramente a se envolver com elas.

Se a transferência acaba se realizando, não é sem riscos: o professor e a escola representam um universo diferente demais do universo familiar. Nos dois casos, enfim, longe de preparar o adolescente para se encarregar *totalmente* de si mesmo, a escola estabelece em seu íntimo uma definitiva dualidade.

O BILINGÜISMO COLONIAL...

Esse dilaceramento essencial do colonizado se encontra particularmente expresso e simbolizado pelo bilingüismo colonial.

O colonizado é salvo do analfabetismo apenas para cair no dualismo lingüístico. Se tiver essa sorte. A maioria dos colonizados nunca terá a boa fortuna de sofrer os tormentos do bilingüismo colonial. Nunca disporão de nada a não ser de sua língua materna; isto é, de uma língua nem escrita nem lida, que só permite a incerta e pobre cultura oral.

É verdade que pequenos grupos de letrados se obstinam em cultivar a língua de seu povo, em perpetuá-la em seus esplendores eruditos e passados. Mas essas formas sutis perderam, há muito tempo, todo o contato com a vida cotidiana, tornaram-se opacas para o homem da rua. O colonizado as considera como relíquias, da mesma maneira que considera esses homens veneráveis como sonâmbulos que vivem um velho sonho.

Se ao menos o falar materno permitisse uma ascendência real sobre a vida social, atravessasse os guichês das administrações ou ordenasse o tráfego postal. Mas nem isso. Toda a burocracia, toda a magistratura, toda a tecnicidade só ouvem e utilizam a língua do colonizador, como os marcos de quilômetros, os painéis das estações, as placas de rua e os recibos. Munido apenas de sua língua, o colonizado é um estrangeiro em seu próprio país.

No contexto colonial, o bilingüismo é necessário. Ele é condição de toda comunicação, de toda cultura e de todo progresso. Mas o bilíngüe colonial só se salva do isolamento para sofrer uma catástrofe cultural, que nunca é completamente superada.

A não-coincidência entre língua materna e língua cultural não é própria do colonizado. Mas o bilingüismo colonial não pode ser assimilado a um dualismo lingüístico qualquer. A posse de duas línguas não é apenas a posse de duas ferramentas, é a participação em dois reinos psíquicos e culturais. Ora, aqui, *os dois universos simbolizados, que as duas línguas veiculam, estão em conflito*. São os universos do colonizador e do colonizado.

Além disso, a língua materna do colonizado, aquela que é alimentada com suas sensações, suas paixões e seus sonhos, aquela em que se liberam sua ternura e seus espantos, aquela, enfim, que envolve para ele a maior carga afetiva, é precisamente *a menos valorizada*. Ela não tem dignidade alguma no país ou no concerto dos povos. Se quer conseguir um ofício, construir seu lugar, existir na cidade e no mundo, ele deve primeiramente curvar-se à língua dos outros, a dos colonizadores, seus senhores. No conflito lingüístico que habita o colonizado, sua língua materna é a humilhada, a esmagada. E esse desprezo, objetivamente fundado, acaba se tornando seu. Por iniciativa própria, ele começa a afastar essa língua enferma, a ocultá-la aos olhos dos estrangeiros, a só parecer à vontade na língua do colonizador. Em suma, o bilingüismo colonial não é nem uma diglossia, na qual coexistem um idioma popular e uma língua de purista, ambos pertencendo ao mesmo universo afetivo, nem uma simples riqueza poliglota, que se beneficia de um teclado suplementar mas relativamente neutro; é um *drama lingüístico*.

... E A SITUAÇÃO DO ESCRITOR

Surpreende que o colonizado não tenha literatura viva em sua própria língua. Como é que ele se dirigiria a ela, se a despreza? Da mesma maneira que se afasta de sua música, de suas artes plásticas, de toda a sua cultura tradicional? Sua ambigüidade lingüística é o símbolo, e uma das maiores causas, de sua ambigüidade cultural. E a situação do escritor colonizado é uma perfeita ilustração disso.

As condições materiais da existência colonizada bastariam, é claro, para explicar sua raridade. A miséria excessiva da maioria reduz ao extremo as chances estatísticas de ver nascer e crescer um escritor. Mas a história nos mostra que só é preciso uma classe privilegiada para abastecer de artistas todo um povo. De fato, é muito difícil sustentar o papel do escritor colonizado: ele encarna todas as ambigüidades, todas as impossibilidades do colonizado, levadas ao último grau.

Suponhamos que ele tenha aprendido a manejar sua língua, a ponto de recriá-la em obras escritas, que tenha vencido sua recusa profunda de usá-la; para quem escreveria, para que público? Se se obstina em escrever em sua língua, condena-se a falar diante de um auditório de surdos. O povo é inculto e não lê nenhuma língua, os burgueses e os letrados só ouvem a do colonizador. Uma única saída lhe resta, que é apresentada como natural: que escreva na língua do colonizador. Como se ele não fizesse nada além de mudar de impasse!

É preciso, bem entendido, que supere sua deficiência. Se o bilíngüe colonial tem a vantagem de conhecer duas línguas, não domina nenhuma delas. Isso também explica a lentidão com que nascem as literaturas colonizadas. É preciso estragar muito material humano, uma multidão de lances de dados para a sorte de um belo acaso. Depois disso ressurge a ambigüidade do escritor colonizado, sob uma forma nova, porém mais grave.

Curioso destino o de escrever para um outro povo que não o seu! Mais curioso ainda é escrever para os vencedores de seu povo! Muito surpreendeu a aspereza dos primeiros escritores colonizados. Será que se esquecem que se dirigem ao mesmo público cuja língua tomam emprestada? Não se trata, contudo, nem de inconsciência nem de ingratidão nem de insolência. O que dirão precisamente a esse público, uma vez que ousarem falar, se não seu mal-estar e sua revolta? Esperavam-se palavras de paz daquele que sofre de uma longa discórdia? Reconhecimento em relação a um empréstimo com juros tão pesados?

Um empréstimo que, aliás, jamais passará de um empréstimo. Para dizer a verdade, deixamos aqui a descrição pela previsão. Mas ela é tão legível, tão evidente! A emergência de uma literatura de colonizados, a tomada de consciência dos escritores norte-africanos, por exemplo, não é um fenômeno isolado. Ela faz parte da autoconscientização de todo um grupo humano. O fruto não é um acidente ou um milagre da planta, mas o sinal de sua maturidade. No máximo, o surgimento de um artista colonizado antecipa um pouco a tomada de consciência coletiva de que ele participa, que ele apressa ao dela participar. Ora, a mais urgente reivindicação de um grupo que reage é certamente *a libertação e a restauração de sua língua.*

O que surpreende, na verdade, é que alguém possa se surpreender. Apenas essa língua permitiria que o colonizado retomasse seu tempo interrompido, reencontrasse sua continuidade perdida e a de sua história. A língua francesa é apenas um instrumento, preciso e eficaz? Ou este maravilhoso baú no qual se acumulam as descobertas e os ganhos, dos escritores e dos moralistas, dos filósofos e dos cientistas, dos heróis e dos aventureiros, no qual os tesouros do espírito e da alma dos franceses se transformam em uma lenda única?

O escritor colonizado, que chegou com dificuldade à utilização das línguas européias — as dos colonizadores, não esqueçamos —, só pode servir-se delas para reivindicar em favor da sua. Não é nem incoerência nem reivindicação pura ou ressentimento cego, mas uma necessidade. Ainda que ele não o fizesse, seu povo acabaria por fazê-lo. Trata-se de uma dinâmica objetiva que ele certamente alimenta, mas que o nutre e continuaria sem ele. Se ele contribui, ao fazer isso, para liquidar seu drama de homem, confirma, acentua seu drama de escritor. Para conciliar seu destino consigo mesmo, ele poderia tentar escrever em sua língua materna. Mas não se refaz um aprendizado como esse em uma vida de homem. O escritor colonizado está condenado a viver seus divórcios até a morte. O problema só pode se encerrar de duas maneiras. Por esgotamento natural da literatura colonizada, uma vez que as próximas gerações, nascidas na liberdade, escreverão espontaneamente em sua língua reencontrada. Ou, sem que se espere tanto, uma outra possibilidade pode tentar o escritor: decidir pertencer totalmente à literatura metropolitana. Deixemos de lado os problemas éticos levantados por tal atitude. É então o suicídio da literatura colonizada. Nas duas perspectivas, variando apenas quanto ao prazo, *a literatura colonizada parece condenada a morrer jovem.*

O SER DE CARÊNCIA

Tudo se passa, enfim, como se a colonização contemporânea fosse um malogro da história. Por sua fatalidade própria e por egoísmo, ela terá fracassado em tudo, poluído tudo o que tiver tocado. Terá apodrecido o colonizador e destruído o colonizado.

Para melhor triunfar, ela quis se pôr apenas a seu próprio serviço. Porém, ao excluir o homem colonizado, único meio pelo qual poderia ter marcado a colônia, condenou-se a permanecer estrangeira e, portanto, necessariamente efêmera.

Por seu suicídio, porém, ela é a única responsável. Mais imperdoável é seu crime histórico contra o colonizado: ela o terá lançado à margem da estrada, fora do tempo contemporâneo.

A questão de saber se o colonizado, entregue a si mesmo, teria andado no mesmo passo que os outros povos não tem grande significação. Estritamente falando, não se pode saber. É possível que não. Decerto que não é apenas o fator colonial que explica o atraso de um povo. Nem todos os países seguiram o mesmo ritmo que o da América ou o da Inglaterra; cada um tinha suas causas particulares de atraso e seus próprios freios. Entretanto, cada um deles andou com seu próprio passo e em seu caminho. Além disso, podemos legitimar o infortúnio histórico de um povo pelas dificuldades dos outros? Os colonizados não são as únicas vítimas da história, é claro, mas o infortúnio histórico próprio dos colonizados foi a colonização.

A esse mesmo falso problema retorna a questão tão perturbadora para muitos: o colonizado, *apesar de tudo*, também não *tirou proveito* da colonização? *Apesar de tudo*, o colonizador não abriu estradas, construiu hospitais e escolas? Essa restrição, tão resistente, equivale a dizer que a colonização foi, apesar de tudo, positiva; pois *sem ela* não teria havido nem estradas nem hospitais nem escolas. O que podemos saber? Por que devemos supor que o colonizado se teria petrificado no estado em que o colonizador o encontrou? Poderíamos também afirmar o contrário: se a colonização não tivesse ocorrido, teria havido mais escolas e mais hospitais. Se a história tunisiana fosse mais bem conhecida, teria sido possível ver que o país estava então em pleno parto. Depois de ter excluído o colonizado da história, de lhe ter interditado qualquer devir, o colonizador afirma sua imobilidade intrínseca, passada e definitiva.

Essa objeção, aliás, só incomoda a quem está disposto a ser incomodado. Renunciei até aqui à comodidade dos números e das estatísticas. Seria o momento de apelar discretamente para eles: após várias décadas de colonização, a multidão de crianças na rua ganha de longe das que estão em sala de aula! O número de leitos de hospital é tão irrisório diante do de doentes, a intenção dos traçados das estradas é tão clara, tão impertinente em relação ao colonizado, tão estreitamente submissa às necessidades do colonizador! Para tão pouco, realmente, a colonização não era indispensável. Seria muita audácia pretender que a Tunísia de 1952 teria sido, de qualquer maneira, muito diferente da de 1881? Existem, enfim, outras possibilidades de influência e de troca entre os povos, além da dominação. Outros pequenos países se transformaram amplamente sem que fosse preciso serem colônias. Como ocorreu com vários países da Europa Central...

Mas depois de certo tempo nosso interlocutor sorri, cético.

— Não é, porém, a mesma coisa...

— Por quê? O senhor quer dizer que esses países são habitados por europeus, não é?

— Hahn!... É!

— Então é isso! O senhor é simplesmente racista.

Voltamos, de fato, ao mesmo preconceito fundamental. Os europeus conquistaram o mundo porque sua natureza os predispunha a isso, os não-europeus foram colonizados porque sua natureza os condenava a isso.

Ora, sejamos sérios, deixemos de lado o racismo e essa mania de refazer a história. Deixemos até mesmo o problema da responsabilidade *inicial* da colonização. Será que ela resultou da expansão capitalista ou foi apenas a empreitada contingente de homens de negócios vorazes? Definitivamente, tudo isso não é tão importante. O que conta é a *realidade atual* da colonização e do colonizado. Praticamente não sabemos o que o colonizado teria sido sem a colonização, mas vemos o que ele se tornou em conseqüência dela. Para melhor controlá-lo e explorá-lo, o colonizador rechaçou-o para fora do circuito histórico e social, cultural e técnico. O que é atual e verificável é que a cultura do colonizado, sua sociedade, seu *savoir-faire* foram gravemente atingidos, e ele não adquiriu um novo saber e uma nova cultura. Um resultado patente da colonização reside no fato de que não há mais artistas e ainda não há técnicos colonizados. É verdade que existe também uma carência técnica do colonizado. "Trabalho árabe", diz o colonizador com desprezo. Mas longe de encontrar aí uma desculpa para seu comportamento e um ponto de comparação a seu favor, ele deve ver sua própria acusação. É verdade que os colonizados não sabem trabalhar. Mas onde é que lhes ensinaram, quem lhes ensinou a técnica moderna? Onde estão as escolas profissionais e os centros de aprendizagem?

Vocês insistem demais, dizem-nos às vezes, na técnica industrial. E os artesãos? Vejam esta mesa de madeira branca; por que ela é feita de madeira de caixa? e mal-acabada, mal aplainada, nem pintada nem encerada? Essa descrição é certamente exata. De conveniente nessas mesas de chá, apenas a forma, presente secular dado ao artesão pela tradição. Quanto ao resto, porém, é a encomenda que suscita a criação. Ora, para quem são feitas essas mesas? O comprador não tem como pagar esses retoques suplementares, nem a cera, nem a pintura. Então, elas continuam sendo de tábuas de caixas desmontadas, nas quais os buracos dos pregos continuam abertos.

O fato verificável é que a colonização torna o colonizado carente, e que todas as carências se mantêm e se alimentam umas às outras. A não-industrialização, a ausência de desenvolvimento técnico do país, leva ao lento esmagamento econômico do colonizado. Assim como o esmagamento econômico e o nível de vida das massas colonizadas impedem o técnico de existir, e o artesão de se perfazer e de criar. As causas últimas são as recusas do colonizador, que enriquece mais vendendo matéria-prima do que concorrendo com a indústria metropolitana. Além disso, o sistema funciona em círculos e funda uma autonomia do infortúnio. Se tivessem aberto mais centros de aprendizagem, e até mesmo universidades, não teriam salvado o colonizado, que não teria encontrado, ao sair, utilização para seu saber. Em um país em que tudo falta, os poucos colonizados que conseguiram obter seus diplomas são utilizados como burocratas ou professores! A sociedade colonizada não tem necessidade direta de técnicos e não fomenta sua formação. Mas infeliz daquele que não é indispensável! O operário colonizado é intercambiável, por que lhe pagar um salário justo? Além disso, nosso tempo e nossa história são cada vez mais técnicos; o atraso técnico do colonizado aumenta e parece justificar o desprezo que inspira, concretizando, ao que parece, a distância que o separa do colonizador. E não é um erro afirmar que a distância técnica é em parte causa da incompreensão entre os dois parceiros. O nível de vida geral do colonizado é freqüentemente tão baixo que o contato é quase impossível. A saída é falar da Idade Média da colônia. Pode-se continuar assim por muito tempo. O uso e a fruição das técnicas criam tradições técnicas. Um francês modesto, um italiano modesto têm a oportunidade de manejar um motor, um rádio, estão cercados por produtos da técnica. Muitos colonizados esperam deixar a casa paterna para se aproximar de qualquer máquina. Como poderiam ter gosto pela civilização mecânica e a intuição da máquina?

Tudo, enfim, no colonizado é carência, tudo contribui para torná-lo carente. Até mesmo seu corpo, malnutrido, fraco e doente. Muita lengalenga poderia ser poupada se, previamente a toda discussão, se começasse por afirmar: primeiramente há a miséria, coletiva e permanente, imensa. A simples e burra miséria biológica, a fome crônica de todo um povo, a subalimentação e a doença. É claro que, de longe, isso fica um pouco abstrato, e seria preciso uma imaginação alucinante.

Lembro-me do dia em que o ônibus da Tunisienne Automobile que nos levava para o sul parou no meio de uma multidão cujas bocas sorriam, mas cujos olhos, quase todos os olhos, escorriam pelas faces; eu procurava com mal-estar um olhar não tracomatoso onde pudesse repousar o meu. E a tuberculose, e a sífilis, e esses corpos esqueléticos e nus que passeiam entre as cadeiras dos cafés, como mortos-vivos, viscosos como moscas, as moscas de nossos remorsos...

— Ah não! — exclama nosso interlocutor. — Essa miséria já estava aí! Nós a encontramos quando chegamos!

Que seja. (De fato, aliás; o habitante das favelas é freqüentemente um felá despossuído.) Mas de que modo um sistema social como esse, que perpetua tais desamparos — a supor que não os crie —, poderia se sustentar por muito tempo? Como se ousa comparar as vantagens e os inconvenientes da colonização? Que vantagens, ainda que fossem mil vezes mais significativas, poderiam fazer com que se aceitassem tais catástrofes, internas e externas?

3. As duas respostas do colonizado

Ah, o corpo e o rosto do colonizado não são bonitos! Não é sem estragos que se sofre de um infortúnio histórico como esse. Se o rosto do colonizador é aquele, odioso, do opressor, o de sua vítima certamente não expressa calma e harmonia. O colonizado não existe de acordo com o mito colonialista, mas é, de todo modo, reconhecível. Ser oprimido, ele é fatalmente um ser de carência.

Como se pode acreditar, depois disso, que ele possa um dia se resignar? Aceitar a relação colonial e esta figura de sofrimento e desprezo que ela lhe atribui? Há, em todo colonizado, uma exigência fundamental de mudança. E o desconhecimento do fato colonial ou a cegueira interessada devem ser imensos para ignorar isso. Para afirmar, por exemplo, que a reivindicação colonizada é o fato de alguns: dos intelectuais ou dos ambiciosos, da decepção ou do interesse pessoal. Belo exemplo de projeção, diga-se de passagem: aqueles que são motivados unicamente pelo interesse explicando outrem pelo interesse. A recusa colonizada é, em suma, assimilada a um fenômeno de superfície, quando na verdade decorre da própria natureza da situação colonial.

O burguês sofre mais com o bilingüismo, é verdade; o intelectual vive mais o dilaceramento cultural. O analfabeto, por sua vez, está simplesmente emparedado em sua língua e rumina fragmentos de cultura oral. Os que compreendem a própria sorte, é verdade, ficam mais impacientes e não suportam mais a colonização. Mas esses são os melhores, que sofrem e que recusam: e assim não fazem outra coisa a não ser traduzir o infortúnio comum. Se não, por que seriam tão rapidamente ouvidos, tão bem compreendidos e obedecidos?

Se decidimos compreender o fato colonial, é preciso admitir que ele é instável, que seu equilíbrio é incessantemente ameaçado. Pode-se compor com todas as situações, e o colonizado pode esperar muito tempo para viver. Entretanto, mais ou menos rapidamente, mais ou menos violentamente, por todo o movimento de sua personalidade oprimida, um dia ele começa a recusar sua existência impossível de ser vivida.

As duas saídas historicamente possíveis são então tentadas, sucessiva ou paralelamente. Ele tenta *ou tornar-se diferente ou reconquistar todas as suas dimensões*, das quais a colonização o amputou.

O AMOR PELO COLONIZADOR E O ÓDIO DE SI

A primeira tentativa do colonizado é mudar de condição mudando de pele. Um modelo tentador muito próximo se oferece e se impõe a ele: precisamente o do colonizador. Este não sofre de nenhuma de suas carências, tem todos os direitos, desfruta de todos os bens, beneficia-se de todos os prestígios; dispõe das riquezas e das honras, da técnica e da autoridade. Ele é, enfim, o outro termo da comparação, que esmaga o colonizado e o mantém na servidão. A ambição primeira do colonizado será igualar esse modelo prestigioso, assemelhar-se a ele até nele desaparecer.

Desse procedimento, que supõe de fato a admiração pelo colonizador, concluiu-se pela aprovação da colonização. Mas, por uma dialética evidente, é no momento em que o colonizado mais compõe com sua sorte que recusa a si mesmo com mais tenacidade. Isso quer dizer que ele recusa, de uma outra maneira, a situação colonial. A recusa de si mesmo e o amor pelo outro são comuns a todo candidato à assimilação. E os dois componentes dessa tentativa de libertação estão estreitamente ligados: o amor pelo colonizador tem por base um complexo de sentimentos que vão da vergonha ao ódio de si mesmo.

O excesso nessa submissão ao modelo já é revelador. A mulher loura, ainda que insípida e comum em seus traços, parece superior a toda morena. Um produto fabricado pelo colonizador ou uma palavra por ele proferida são recebidos com confiança. Ainda que inadequados, seus costumes, suas roupas, sua alimentação e sua arquitetura são minuciosamente copiados. O casamento misto é, nos mais audaciosos, o termo extremo desse impulso.

Esse entusiasmo pelos valores colonizadores não seria tão suspeito, contudo, se não comportasse seu avesso. O colonizado não procura apenas enriquecer-se com as virtudes do colonizador. Em nome daquilo em que deseja se transformar, obstina-se em empobrecer-se, em arrancar-se de si mesmo.

Reencontramos aqui, sob outra forma, um traço já assinalado. O esmagamento do colonizado está compreendido nos valores colonizadores. Quando o colonizado adota esses valores, adota também sua própria condenação. Para libertar-se, ao menos acredita nisso, ele aceita destruir-se. O fenômeno é comparável à negrofobia do negro, ou ao anti-semitismo do judeu. Negras se desesperam para alisar os cabelos, que sempre voltam a se encrespar, e torturam a pele para embranquecê-la um pouco. Muitos judeus, se pudessem, arrancariam a alma; esta alma que lhes dizem ser irremediavelmente ruim. Declarou-se ao colonizado que sua música são miados de gato; sua pintura, xarope açucarado. Ele repete que sua música é vulgar, e sua pintura, enjoativa. E essa música mexe com ele apesar de tudo, emociona-o mais do que os sutis exercícios ocidentais, que ele acha frios e complicados; se este uníssono de cores cantantes e levemente embriagadas lhe regozija o olho, é a despeito de sua vontade. Ele se indigna contra si mesmo, se esconde aos olhos dos estrangeiros, ou afirma repugnâncias tão fortes que chegam a ser cômicas. As mulheres da burguesia preferem as quinquilharias medíocres provenientes da Europa à jóia mais pura de sua tradição. E são os turistas que ficam maravilhados diante dos produtos do artesanato secular. Enfim, negro, judeu ou colonizado, é preciso se parecer mais com o branco, o não-judeu, o colonizador. Assim como muita gente evita expor seus parentes pobres, o colonizado com problemas de assimilação esconde seu passado, suas tradições, todas as suas raízes, enfim, que se tornaram infamantes.

IMPOSSIBILIDADES DA ASSIMILAÇÃO

Essas convulsões internas e essas contorções poderiam ter encontrado seu fim. Ao termo de um longo processo, doloroso, conflituoso, seguramente, o colonizado talvez se tivesse dissolvido no seio dos colonizadores. Não há problema que a usura da história não possa superar. É questão de tempo e de gerações. Sob a condição, porém, de não conter dados contraditórios. Ora, *no âmbito colonial, a assimilação se revelou impossível.*

O candidato à assimilação termina, quase sempre, por se cansar do preço exorbitante que precisa pagar, e que continuará pagando indefinidamente. Descobre também com horror *todo* o sentido de sua tentativa. É dramático o momento em que compreende que tomou para si a responsabilidade pelas acusações e condenações do colonizador; que está se habituando a ver os membros de seu grupo com os olhos de procurador. Eles têm seus defeitos, e podem até mesmo ser censurados, é claro. Há fundamentos objetivos para sua impaciência contra eles e contra seus valores; quase tudo neles é ultrapassado, ineficaz e irrisório. Mas, ora, são o seu grupo, ele é um deles, nunca deixou profundamente de sê-lo! Esses ritmos em equilíbrio há séculos e esta comida que tão bem lhe enche a boca e o estômago são ainda os seus, são ele próprio. Terá ele que, por toda a vida, ter vergonha daquilo que, nele, é o mais real? Da única coisa que não é emprestada? Terá que se obstinar em negar a si mesmo? E será que continuará suportando isso? Sua libertação terá, enfim, que passar por uma agressão sistemática contra si próprio?

A impossibilidade maior, contudo, não está aí. Logo ele a descobre: ainda que consentisse tudo, não seria salvo. Para ser assimilado, não basta dispensar seu grupo, é preciso penetrar em outro: *ora, então ele encontra a recusa do colonizador.*

Ao esforço obstinado do colonizado de superar o desprezo (merecido por seu atraso, sua fraqueza, sua alteridade, ele acaba por admitir), à sua submissão admirativa, à sua preocupação aplicada de se confundir com o colonizador, de se vestir e falar como ele, de se comportar como ele, até mesmo em seus tiques e em sua maneira de cortejar, o colonizador opõe um segundo desprezo: *o escárnio.* Ele declara, explica ao colonizado que esses esforços são inúteis, que ele só ganha com eles um traço suplementar: o ridículo. Pois o colonizado jamais conseguirá identificar-se com ele, nem mesmo reproduzir corretamente seu papel. Na melhor das hipóteses, se não quiser feri-lo demais, o colonizador empregará toda a sua metafísica caracterológica. Os gênios dos povos são incompatíveis; cada gesto tem por base a alma inteira etc. Mais brutalmente, ele dirá que o colonizado não passa de um macaco. E quanto mais o macaco for sutil, quanto melhor imitar, mais o colonizador se irritará. Com a atenção e o faro agudo que a malevolência desenvolve, ele rastreará a nuança reveladora, na roupa ou na linguagem, a "falta de gosto", que sempre acaba descobrindo. Um homem dividido entre duas culturas raramente encontra o equilíbrio, de fato, e o colonizado nem sempre encontra o *tom* justo.

Tudo está preparado, enfim, para que o colonizado não possa dar o passo; para que compreenda e admita que esse caminho é um impasse e a assimilação é impossível.

O que torna inúteis os lamentos dos humanistas metropolitanos, e injustas suas censuras em relação ao colonizado. Como ele ousa refutar, espantam-se eles, essa síntese generosa, com a qual, murmuram, só tem a ganhar? *É o colonizado que, primeiramente, deseja a assimilação, e é o colonizador que a recusa a ele.*

Hoje, quando a colonização está próxima do fim, tardias boas vontades se perguntam se a assimilação não foi a grande oportunidade perdida pelos colonizadores e pelas metrópoles. Ah, se tivéssemos querido! Vocês podem imaginar, sonham, uma França com cem milhões de franceses? Não é proibido, é freqüentemente consolador reimaginar a história. Sob a condição de descobrir um novo sentido para ela, uma outra coerência oculta. A assimilação poderia ter tido êxito?

Poderia, talvez, em outros momentos da história do mundo. Nas condições da colonização contemporânea, parece que não. Talvez se trate de um infortúnio histórico, que devemos todos juntos deplorar. Mas ela não apenas fracassou como também pareceu impossível a todos os interessados.

Definitivamente, seu fracasso não está ligado apenas aos preconceitos do colonizador ou aos atrasos do colonizado. A assimilação, perdida ou realizada, não é apenas questão de bons sentimentos ou de psicologia. Uma série bastante longa de felizes conjunturas pode mudar a sorte de um indivíduo. Alguns colonizados conseguiram praticamente desaparecer no grupo colonizador. É claro, em contrapartida, que um drama coletivo jamais se esgotará a golpes de soluções individuais. O indivíduo desaparece em sua descendência e o drama do grupo continua. Para que a assimilação colonizada tivesse alcance e sentido, seria preciso que atingisse um povo inteiro, isto é, que *toda a condição colonial* fosse modificada. Ora, como já mostramos suficientemente, a condição colonial só pode ser mudada por meio da *supressão da relação colonial.*

Reencontramos a ligação fundamental que une nossos dois retratos, dinamicamente engrenados um no outro. Verificamos uma vez mais que é inútil pretender agir sobre o outro sem agir sobre essa ligação e, portanto, sobre a colonização. Dizer que o colonizador poderia ou deveria aceitar com muito gosto a assimilação e, portanto, a emancipação do colonizado é *escamotear a relação colonial.* Ou subentender que ele possa proceder por si mesmo a uma total reviravolta de seu estado: à condenação dos privilégios coloniais, dos direitos exorbitantes dos colonos e dos industriais, a uma remuneração humana da mão-de-obra colonizada, à promoção jurídica, administrativa e política dos colonizados, à industrialização da colônia... Em suma, ao fim da colônia como colônia, ao fim da metrópole como metrópole. Estamos simplesmente convidando o colonizador a acabar consigo mesmo.

Nas condições contemporâneas da colonização, *assimilação e colonização são contraditórias.*

A REVOLTA...

O que resta então ao colonizado fazer? Não podendo abandonar sua condição em acordo e comunhão com o colonizador, tentará libertar-se por meio da revolta.

RETRATO DO COLONIZADO / RETRATO DO COLONIZADOR

Longe de nos espantarmos com as revoltas colonizadas, podemos nos surpreender, ao contrário, com o fato de não serem mais freqüentes e mais violentas. Na verdade, o colonizador vela por isso: esterilização contínua das elites, destruição periódica, por corrupção ou opressão policial, daquelas que conseguem apesar de tudo surgir; aborto, por provocação, de todo movimento popular, com esmagamento brutal e rápido. Notamos também a hesitação do próprio colonizado, a insuficiência e a ambigüidade de uma agressividade de vencido que, a despeito de si mesmo, admira o vencedor; sua esperança, por muito tempo tenaz, de que a onipotência do colonizador daria à luz uma bondade completa.

Mas a revolta é a única saída para a situação colonial que não representa uma ilusão, e o colonizado descobre isso cedo ou tarde. Sua condição é absoluta e exige uma solução absoluta, uma ruptura e não um compromisso. Ele foi arrancado de seu passado e bloqueado em seu futuro, suas tradições agonizam e ele perde a esperança de adquirir uma nova cultura, não tem língua, bandeira, técnica, existência nacional ou internacional, direitos ou deveres: *não possui nada, não é mais nada e não espera mais nada*. Além disso, a solução é cada dia mais urgente, cada dia necessariamente mais radical. O mecanismo de aniquilação do colonizado, posto em andamento pelo colonizador, só pode se agravar a cada dia. Quanto mais a opressão aumenta, mais o colonizador precisa de justificação, mais tem que envilecer o colonizado, mais se sente culpado, mais tem que se justificar etc. Como sair disso a não ser por meio da *ruptura*, da explosão, cada dia mais violenta, desse *círculo* infernal? A situação colonial, por sua própria fatalidade interna,

... E A RECUSA DO COLONIZADOR

Assiste-se então a uma inversão dos termos. Uma vez abandonada a assimilação, a libertação do colonizado deve ser efetuada por meio da reconquista de si mesmo e de uma dignidade autônoma. O impulso na direção do colonizador exigia, no limite, a auto-recusa: a recusa do colonizador será o prelúdio indispensável à retomada de si mesmo. É preciso se livrar dessa imagem acusadora e aniquiladora; é preciso atacar frontalmente a opressão, já que é impossível contorná-la. Depois de ter sido recusado durante tanto tempo pelo colonizador, chegou o dia de o colonizado recusar o colonizador.

Essa inversão, contudo, não é absoluta. Não há uma vontade sem reserva de assimilação e depois uma rejeição total do modelo. No auge de sua revolta, o colonizado conserva os empréstimos e as lições de uma longa coabitação. Assim como o sorriso ou os hábitos musculares de uma velha esposa, mesmo em instância de divórcio, lembram curiosamente os do marido. Daí o paradoxo (citado como a prova decisiva de sua ingratidão): o colonizado reivindica e luta em nome dos próprios valores do colonizador, utiliza suas técnicas de pensamento e seus métodos de combate. (É preciso acrescentar que é a única linguagem que o colonizador compreende.)

Desde então, porém, o colonizador se tornou predominantemente negatividade, ao passo que antes era mais positividade. Ele é acima de tudo *decidido* negatividade por toda a atitude ativa do colonizado. A todo instante ele é recolocado em questão, em sua cultura e em sua vida, e, com ele, tudo o que representa, inclusive a metrópole, naturalmente. Ele é posto sob suspeita, contrariado e combatido pelo menor de seus atos. O colonizado começa a preferir com raiva e ostentação os carros alemães, os rádios italianos e as geladeiras americanas; a se abster de tabaco se este portar o selo do colonizador. Meios de pressão e punição econômica, certamente, mas, ao menos na mesma medida, ritos sacrificiais da colonização. Até os dias atrozes em que o furor do colonizador ou a exasperação do colonizado, culminando em ódio, são descarregados em loucuras sanguinárias. Depois recomeça a existência cotidiana, um pouco mais dramática, um pouco mais irremediavelmente contraditória.

É nesse contexto que deve ser recolocada a xenofobia, e até mesmo um certo racismo do colonizado.

Considerado em bloco como *eles* ou *os outros*, sob todos os pontos de vista diferente, homogeneizado em uma radical heterogeneidade, o colonizado reage recusando em bloco todos os colonizadores. Até mesmo, às vezes, todos os que se parecem com eles, tudo o que não for, como ele, oprimido. A distinção entre o fato e a intenção não tem grande significação na situação colonial. *Para o colonizado, todos os europeus das colônias são colonizadores de fato.* E quer queiram quer não, isso se dá por algum viés: por sua situação econômica de privilegiados, por seu pertencimento ao sistema político da opressão, por sua participação em um complexo afetivo negador do colonizado. Por outro lado, no limite, os europeus da Europa são colonizadores em potencial: bastaria que desembarcassem. Talvez até mesmo tirem algum proveito da colonização. São solidários, ou no mínimo cúmplices inconscientes, dessa grande agressão coletiva da Europa. Com todo o seu peso, intencionalmente ou não, contribuem para perpetuar a opressão colonial. Enfim, se a xenofobia e o racismo consistem em acusar globalmente todo um grupo humano, em condenar *a priori* qualquer indivíduo desse grupo, atribuindo-lhe um ser e um comportamento irremediavelmente fixos e nocivos, o colonizado é, de fato, xenófobo e racista; ele se tornou assim.

Todo racismo e toda xenofobia são mistificações de si mesmo e agressões absurdas e injustas a outros. Inclusive os do colonizado. De maneira ainda mais incisiva quando se estendem para além dos colonizadores; quando, por exemplo, chegam a ponto de se regozijar com os infortúnios de um outro grupo humano simplesmente por este não ser escravo. Mas é preciso observar, ao mesmo tempo, que o racismo do colonizado é o resultado de uma mistificação mais geral: a mistificação colonialista.

Considerado e tratado separadamente pelo racismo colonialista, o colonizado acaba por se aceitar como separado; por aceitar essa divisão maniqueísta da colônia e, por extensão, do mundo inteiro. Definitivamente excluído de uma metade do universo, como não suspeitaria que ela ratifica sua condenação? Como não a julgaria e a condenaria, por sua vez? O racismo colonizado não é, afinal, nem biológico nem metafísico, mas social e histórico. Não está baseado na crença na inferioridade do grupo detestado, mas na convicção e, em ampla medida, na constatação de que ele é definitivamente agressor e nocivo. Mais ainda: se o racismo europeu moderno detesta e despreza mais do que teme, o do colonizado teme e continua a admirar. Em suma, não se trata de um racismo de agressão, mas de defesa.

De maneira que deveria ser relativamente fácil desarmá-lo. As poucas vozes européias que se elevaram nestes últimos anos para negar essa exclusão, essa radical inumanidade do colonizado, fizeram mais do que todas as boas obras e toda a filantropia, nas quais a segregação permanecia subjacente. É por isso que se pode sustentar esta aparente enormidade: se a xenofobia e o racismo do colonizado contêm, seguramente, um imenso ressentimento e uma evidente negatividade, podem ser o prelúdio de um movimento positivo: a retomada em mãos do colonizado por si mesmo.

A AUTO-AFIRMAÇÃO

De início, porém, a reivindicação colonizada assume esta figura diferencial e voltada sobre si mesma: está estreitamente delimitada, condicionada pela situação colonial e pelas exigências do colonizador.

O colonizado se aceita e se afirma, se reivindica com paixão. Mas quem é ele? Certamente não é o homem em geral, portador dos valores universais, comuns a todos os homens. Precisamente, ele foi excluído dessa universalidade, tanto no plano da linguagem quanto de fato. Na verdade, ele se buscou e se endureceu até a substantificação, o que o diferencia dos outros homens. Demonstrou-se a ele com orgulho que ele jamais poderia assimilar-se a outros; rechaçaram com desprezo aquilo que, nele, seria inassimilável pelos outros. Bem, que assim seja! Ele é, será esse homem. A mesma paixão que fazia com que admirasse e absorvesse a Europa fará com que afirme suas diferenças; uma vez, enfim, que essas diferenças o constituem, constituem propriamente sua essência.

Então, o jovem intelectual que tinha rompido com a religião, ao menos interiormente, e comia durante o Ramadã, começa a jejuar com ostentação. Ele, que considerava os ritos como inevitáveis aborrecimentos familiares, faz com que sejam reintroduzidos em sua vida social, dá-lhes um lugar em sua concepção do mundo. Para melhor utilizá-los, reexplica as mensagens esquecidas, adaptando-as às exigências atuais. Descobre, aliás, que o fato religioso não é apenas uma tentativa de comunicação com o invisível, mas um extraordinário lugar de comunicação com o grupo inteiro. O colonizado, seus líderes e seus intelectuais, seus tradicionalistas e seus liberais, todas as classes sociais, podem aí se reencontrar, se ressoldar, constatar e recriar sua unidade. O risco de que o meio se torne fim é certamente considerável. Ao conceder tamanha atenção aos velhos mitos, ao rejuvenescê-los, ele os revitaliza perigosamente. Eles reencontram assim uma força inesperada que faz com que escapem aos desígnios limitados dos líderes colonizados. Assiste-se a uma verdadeira renovação religiosa. Chega a ocorrer que o aprendiz de feiticeiro, intelectual ou burguês liberal, para quem o laicismo parecia a condição de todo progresso intelectual e social, retome o gosto por essas tradições desdenhadas...

Tudo isso, aliás, que parece tão importante aos olhos do observador externo, que talvez o seja para a saúde geral do povo, é no fundo secundário para o colonizado. Desde então, ele descobriu o principal motor de sua ação, que ordena e valoriza todo o resto: trata-se de afirmar seu povo e de se afirmar solidário a ele. Ora, sua religião é com toda evidência um dos elementos constituintes desse povo. Em Bandung,* para espanto embaraçado dos esquerdistas do mundo inteiro, um dos dois princípios fundamentais da conferência foi a religião.

Da mesma maneira, o colonizado não conhecia mais sua língua a não ser sob a forma de um dialeto indigente. Para sair do cotidiano e do afetivo mais elementar, ele era obrigado a recorrer à língua do colonizador. De volta a um destino autônomo e separado, ele logo retorna à sua própria língua. Fazem-lhe notar ironicamente que seu vocabulário é limitado, sua sintaxe degenerada, e que seria risível ouvir nela um curso de matemática avançada ou de filosofia. Até mesmo o colonizador de esquerda se espanta com essa impaciência, com esse inútil desafio, que, ao final das contas, é mais caro para o colonizado que para o colonizador. Por que não continuar a usar as línguas ocidentais para descrever os motores ou ensinar o abstrato?

Nesse sentido, também existem desde então, para o colonizado, outras urgências além da matemática e da filoso-

---

*Alusão à I Conferência Afro-Asiática de Bandung, Indonésia, realizada em abril de 1955, na qual estavam representados vários Estados e movimentos de libertação nacional. As reivindicações dos dirigentes do Sul fixavam como objetivo o fim do colonialismo e da segregação racial. (*N. do T.*)

fia, e até mesmo da técnica. É preciso restituir, com vistas a esse movimento de redescoberta de si mesmo de todo um povo, a ferramenta mais apropriada, aquela que encontra o caminho mais curto de sua alma, porque vem diretamente dela. E esse caminho é, sim, o das palavras de amor e ternura, da cólera e da indignação, das palavras empregadas pelo oleiro que fala com seus vasos ou pelo sapateiro que se dirige às suas solas. Mais tarde o ensino, mais tarde as belas-letras e as ciências. Esse povo aprendeu suficientemente a esperar... Ele também não está seguro, aliás, de que essa linguagem, hoje balbuciante, é capaz de se abrir e se enriquecer? Já, graças a ela, ele descobre tesouros esquecidos, vislumbra uma possível continuidade com um passado não desprezível... Vamos, chega de hesitações e de meias medidas! Ao contrário, é preciso saber romper, é preciso saber lançar-se para a frente. Ele chegará a ponto de escolher a maior dificuldade. De evitar as comodidades suplementares da língua colonizadora; ele a substituirá tão freqüentemente e com tanta rapidez quanto puder. Entre o dialeto popular e a língua culta, preferirá a culta, arriscando-se em seu impulso a dificultar ainda mais a comunicação buscada. O importante agora é reconstruir seu povo, qualquer que seja sua natureza autêntica, refazer sua unidade, comunicar-se com ele e sentir-se pertencendo a ele.

Qualquer que seja o preço pago pelo colonizado, e contra os outros, se preciso for. Assim, ele será nacionalista, e não, bem entendido, internacionalista. É claro que, assim agindo, ele corre o risco de cair no exclusivismo e no chauvinismo, de estreitar-se, de opor a solidariedade nacional à solidariedade humana, e até mesmo a solidariedade étnica à solidariedade nacional. Mas esperar do colonizado, que tanto sofreu pelo fato de não existir por si mesmo, que esteja aberto para o mundo, humanista e internacionalista, parece de uma insensatez cômica. Enquanto ele ainda busca se reassenhorear de si mesmo, olhando-se com espanto e reivindicando passionalmente sua língua... na língua do colonizador.

É notável, aliás, que ele seja tanto mais ardente em sua afirmação quanto mais longe tenha ido na direção do colonizador. Será uma coincidência que tantos líderes colonizados tenham contraído casamentos mistos? Que o líder tunisiano Bourguiba, os dois líderes argelinos Messali Hadj e Ferhat Abbas, assim como vários outros nacionalistas que dedicaram a vida a guiar os seus, tenham se casado entre os colonizadores? Tendo levado a experiência do colonizador aos limites de sua própria vida, até achá-la impossível de ser vivida, eles se curvaram novamente sobre suas bases. Aquele que nunca deixou seu país e os seus nunca saberá a que ponto lhes é apegado. Eles sabem, agora, que sua salvação coincide com a de seu povo, que devem se manter próximos dele e de suas tradições. Não é proibido acrescentar a necessidade de se justificar, de se resgatar por uma completa submissão.

AS AMBIGÜIDADES DA AUTO-AFIRMAÇÃO

Vêem-se, ao mesmo tempo, a necessidade e as ambigüidades dessa retomada de si. Se a revolta do colonizado é em si mesma uma atitude clara, seu conteúdo pode ser perturbado, pois ela é o resultado imediato de uma situação pouco límpida: a situação colonial.

1. Aceitando o desafio da exclusão, o colonizado aceita a si mesmo como separado e diferente, mas *sua originalidade é a que é delimitada, definida pelo colonizador*.

Ele é, portanto, religião e tradição, inaptidão à técnica, de uma essência particular dita oriental etc. Sim, é exatamente isso, convém ele. Um autor negro empenhou-se em nos explicar que a *natureza* dos negros, dos seus, não é compatível com a civilização mecanicista. Ele tirava disso um curioso orgulho. Em suma, o colonizado admite, certamente de maneira provisória, que tem essa imagem de si mesmo, proposta, imposta pelo colonizador. Retoma o domínio sobre si, mas *continua a subscrever a mistificação colonizadora*.

É verdade que não é levado a isso por um processo puramente ideológico; ele não é apenas *definido* pelo colonizador, sua situação é *feita* pela colonização. É patente que ele torna a fazer seu um povo carente, de corpo e alma. Volta para uma história pouco gloriosa e carcomida, com buracos assustadores, para uma cultura moribunda que ele pensava ter abandonado, para tradições petrificadas, para uma língua enferrujada. A herança, que ele acaba aceitando, traz como peso um passivo desanimador para qualquer um. Ele tem que avalizar as notas e os empréstimos, e os empréstimos são numerosos e vultosos. É fato, por outro lado, que as instituições da colônia não funcionam diretamente para ele; o sistema educativo só se dirige a ele por ricochete; as estradas só lhe são abertas por serem pura oferenda.

Mas parece-lhe necessário, para ir até o fim de sua revolta, aceitar essas interdições e essas amputações. Ele não se permitirá o uso da língua colonizadora, mesmo que todas as fechaduras do país funcionem com essa chave; ele mudará as placas e as marcas de quilometragem, mesmo que seja o primeiro a se confundir com isso. Preferirá um longo período de errâncias pedagógicas à manutenção dos quadros escolares do colonizador. Optará pela desordem institucional para destruir o mais rapidamente possível as instituições construídas pelo colonizador. Trata-se, é verdade, de um ímpeto reativo, de profundo protesto. Assim, não deverá mais nada ao colonizador, terá rompido definitivamente com ele. Mas trata-se também da convicção confusa, e mistificadora, de que tudo isso *pertence ao colonizador*, e *não é adequado ao colonizado*: é justamente o que o colonizador sempre lhe afirmou. Em suma, o colonizado em revolta começa por *se aceitar e se querer como negatividade.*

2. Essa negatividade, ao se tornar um elemento essencial de sua retomada de si mesmo e de seu combate, será por ele afirmada e glorificada até o absoluto. Não apenas ele aceita suas rugas e chagas como vai proclamar que são belas. Assegurando-se de si mesmo, propondo-se ao mundo tal como é a partir de então, dificilmente consegue propor ao mesmo tempo sua própria crítica. Se sabe rejeitar com violência o colonizador e a colonização, não distingue entre o que ele próprio é verdadeiramente e o que adquiriu desastradamente no decorrer da colonização. Propõe-se inteiro, confirma-se globalmente, isto é, como este colonizado em que acabou se transformando. Nesse movimento, exatamente ao inverso da acusação colonialista, o colonizado, sua cultura, seu país, tudo o que lhe pertence, tudo o que o representa se tornam *perfeita positividade.*

Definitivamente, vamos nos ver diante de uma *contra-mitologia*. Ao mito negativo imposto pelo colonizador, sucede um *mito positivo* dele mesmo, proposto pelo colonizado. Assim como existe, ao que parece, um mito positivo do proletário oposto ao seu negativo. Se ouvirmos o colonizado, e freqüentemente seus amigos, tudo é bom, tudo deve ser conservado, em seus costumes e tradições, em seus atos e projetos; até mesmo o anacrônico ou o desordenado, o imoral ou o erro. Tudo se justifica, uma vez que tudo se explica.

A auto-afirmação do colonizado, nascida de um protesto, continua a se definir em relação a ele. *Em plena revolta, o colonizado continua a pensar, a sentir e a viver contra e, portanto, em relação ao colonizador e à colonização.*

3. Tudo isso é pressentido pelo colonizado, revelado em seu comportamento, ele chega às vezes a confessá-lo. Ao se dar conta de que suas atitudes são essencialmente reativas, ele é atingido pela maioria das perturbações da má-fé.

Incerto de si mesmo, ele se confia à embriaguez do furor e da violência. Incerto da necessidade desse retorno ao passado, reafirma-o agressivamente. Incerto de poder convencer os outros disso, provoca-os. Ao mesmo tempo provocador e suscetível, ostenta desde então suas diferenças, recusando-se a se deixar esquecer como tal e indignando-se quando alguém alude a isso. Sistematicamente desconfiado, supõe em seu interlocutor intenções hostis, tomando-as por ocultas se não estão expressas, e reage em função disso. Exige de seus melhores amigos uma aprovação ilimitada, mesmo em relação àquilo de que ele mesmo duvida e que condena. Durante tanto tempo frustrado pela história, reivindica ainda mais imperiosamente estar permanentemente inquieto. Não sabe mais o que deve a si mesmo e o que pode solicitar, o que os outros verdadeiramente lhe devem e o que lhes deve pagar de volta; a medida exata, enfim, de todo comércio humano. Complica e estraga, *a priori*, suas relações humanas, que a história já tornou tão difíceis. "Ah, eles estão doentes!", escrevia um outro autor negro, "estão todos doentes!"

O DESCOMPASSO CONSIGO MESMO

É este o drama do homem-produto e vítima da colonização: ele quase nunca consegue coincidir consigo mesmo.

A pintura colonizada, por exemplo, oscila entre dois pólos: de uma submissão à Europa, excessiva até a impessoalidade, ela passa a um retorno a si própria de modo tão violento que resulta nociva e esteticamente ilusória. De fato, a adequação não é encontrada, o autoquestionamento continua. Durante a revolta, assim como antes dela, o colonizado não deixa de levar em conta o colonizador, como modelo ou antítese. Continua a se debater contra ele. Estava dilacerado entre o que era e o que queria ser, ei-lo dilacerado entre o que queria ser e o que, agora, faz de si. Mas persiste o doloroso descompasso consigo mesmo.

Para que se possa ver a cura completa do colonizado, é preciso que sua alienação cesse totalmente: há que esperar o desaparecimento *completo* da colonização, isto é, incluindo o período de revolta.

Conclusão

Estou ciente de que o leitor espera agora soluções; depois do diagnóstico, exige remédios. Na verdade, não era esse meu propósito inicial, e este livro deveria parar aqui. Não o tinha concebido como uma obra de combate, nem mesmo como uma busca de soluções: ele nasceu de uma reflexão acerca de um fracasso aceito.

Para muitos de nós, que recusávamos o rosto da Europa na colônia, de modo algum se tratava de recusar a Europa inteira. Desejávamos apenas que ela reconhecesse nossos direitos, assim como estávamos prontos para aceitar nossos deveres, que na maior parte das vezes já havíamos quitado. Desejávamos, em suma, um simples *ajuste* de nossa situação e de nossas relações com a Europa. Para nosso doloroso espanto, descobrimos lentamente, constatamos, que tal esperança era ilusória. Eu quis compreender e explicar por quê. Meu desígnio primeiro era apenas reproduzir, *completa e verdadeiramente*, os retratos dos dois protagonistas do drama colonial e a relação que os une.

Jamais se havia mostrado, ao que me parece, a *coerência* e a *gênese* de cada papel, a gênese de um pelo outro e a coerência da *relação colonial*, a gênese da relação colonial a partir da *situação colonial*.

Depois, ao longo do caminho, afiguraram-se para mim, ao mesmo tempo, a *necessidade* dessa relação, a necessidade de seus desenvolvimentos e os rostos necessários que ela imprimia ao colonizador e ao colonizado. Em suma, a leitura completa e atenta desses dois retratos e dessa situação me obrigou a esta conclusão: *esse ajuste não podia ocorrer porque era impossível.* A colonização contemporânea trazia em si mesma sua própria contradição, que mais cedo ou mais tarde deveria fazê-la morrer.

Que me entendam bem: não se trata de modo algum de um *voto*, mas de uma *constatação*. A confusão entre esses dois conceitos me parece bastante freqüente hoje em dia, e é das mais perniciosas. Ela separa, porém, radicalmente todo pensamento sério e objetivo das projeções sentimentais ou dos truques demagógicos a que se entregam muito comumente os políticos, sem se darem conta, digamos, para aliviá-los. É claro que não há fatalismo em política: pode-se freqüentemente corrigir uma situação. Mas na medida em que, precisamente, o voto não ultrapasse as exigências da constatação objetiva. Ora, o que emerge ao termo deste itinerário — se esses dois retratos são conformes à verdade de seus modelos — é a impossibilidade de que a situação colonial perdure, dada a impossibilidade de que seja ajustada.

Acontece simplesmente que todo desvelamento é, definitivamente, eficaz; que toda verdade é definitivamente útil e positiva; ainda que apenas pelo fato de dissipar ilusões. O que é aqui evidente quando se pensa nos esforços desesperados da Europa para salvar a colonização, tão custosos para ela quanto para os colonizados.

Será que posso acrescentar, entretanto, que, uma vez efetuado esse desvelamento e admitida a crueldade da verdade, as relações da Europa com suas ex-colônias devem ser reconsideradas? E que, uma vez abandonados os quadros coloniais, torna-se importante para nós descobrir uma maneira nova de viver essas relações? Estou entre aqueles que acham que encontrar uma nova ordem com a Europa implica repor ordem em si mesmo.

Isto posto, continuo a desejar que o leitor distinga este *balanço* humano da colonização das *lições* que me parece possível tirar dele. Sei que terei freqüentemente de pedir que me leiam antes de me refutar. Desejo um esforço suplementar: que mesmo aqueles que se opõem *a priori* às conclusões desta investigação não se recusem a essa salutar precaução metodológica. Veremos, depois, se será o caso de admitir a necessidade das seguintes conclusões:

1. Verifica-se, definitivamente, que o colonizador é uma doença do europeu, de que ele deve se curar e se preservar *por completo*. É claro que há um drama do colonizador, que seria absurdo e injusto subestimar. Pois sua cura supõe uma terapêutica difícil e dolorosa, uma retalhação e uma transformação de suas atuais condições de existência. Mas já se viu claramente que também haverá um drama, e ainda mais grave, se a colonização continuar.

A colonização só poderia desfigurar o colonizador. Ela o colocava diante de uma alternativa com saídas igualmente desastrosas: entre a injustiça cotidiana aceita em seu proveito e o auto-sacrifício necessário e jamais consumado. É essa a situação do colonizador, que, ao aceitá-la, apodrece, e, ao recusá-la, nega a si mesmo.

O papel do colonizador de esquerda é insustentável por muito tempo, impossível de ser vivido; se se perpetua, só lhe resta ser marcado pela má consciência e pelo dilaceramento, e finalmente pela má-fé. Sempre à beira da tentação e da vergonha, e definitivamente culpado. A análise da situação colonial pelo colonialista e o comportamento que dela decorre são mais coerentes, e talvez mais lúcidos: *ora, ele, precisamente, sempre agiu como se um ajuste fosse impossível*. Tendo compreendido que qualquer concessão o ameaçava, ele confirma e defende absolutamente o fato colonial. Mas que privilégios, que vantagens materiais merecem que se perca a alma? Em suma, se a aventura colonial é gravemente danosa para o colonizado, só pode ser seriamente deficitária para o colonizador.

Bem entendido, não se deixou de tentar imaginar, no interior do sistema colonial, transformações que conservassem para o colonizador as vantagens adquiridas, ao mesmo tempo que o preservassem de suas conseqüências desastrosas. Esquece-se apenas que a natureza da relação colonial decorre imediatamente dessas vantagens. Em outras palavras: ou a situação colonial subsiste e seus efeitos continuam, ou então ela desaparece e a relação colonial e o colonizador desaparecem com ela. O que se resume nestas duas proposições, uma radical no mal, outra radical no bem, ao menos é o que se crê: o extermínio do colonizado ou sua assimilação.

Não faz tanto tempo que a Europa abandonou a idéia da possibilidade de um extermínio total de um grupo colonizado. Uma *boutade*, meio séria meio gracejo, como todas as *boutades*, afirmava a propósito da Argélia: "Há apenas nove argelinos para um francês... bastaria dar a cada francês um fuzil e nove balas." Evoca-se também o exemplo americano. E é verdade que a famosa epopéia nacional do faroeste se parece muito com um massacre sistemático, mas foi assim que deixou de haver o problema pele-vermelha nos Estados Unidos. O extermínio salva tão pouco a colonização que é quase exatamente o seu contrário. A colonização é, em primeiro lugar, uma exploração econômico-política. Se o colonizado fosse suprimido, a colônia se tornaria um país qualquer, entendo, mas quem seria explorado? *Com o colonizado, desapareceria a colonização, inclusive o colonizador.*

Quanto ao fracasso da assimilação, não faço dele uma alegria particular, visto que tal solução tem um sabor universalista e socialista que a torna *a priori* respeitável. Não chego a dizer que ela seja impossível em si e por definição; algumas vezes foi historicamente bem-sucedida, assim como freqüentemente fracassou. Mas é claro que ninguém a desejou expressamente na colonização contemporânea, nem mesmo os comunistas. Expliquei-me bastante a esse respeito. De resto, eis o essencial: *a assimilação ainda é o contrário da colonização*, uma vez que tende a confundir colonizadores e colonizados, e, portanto, a suprimir os privilégios e, na seqüência, a relação colonial.

Deixo de lado as pseudo-soluções menores. Por exemplo, permanecer na colônia que se tornou independente; logo, como estrangeiros, mas com direitos especiais. Quem não vê, para além da incoerência jurídica de tais construções, que tudo isso está destinado a ser limado pela história? É difícil entender por que a lembrança de injustos privilégios bastaria para garantir sua perenidade.

Enfim, no âmbito da colonização não há salvação, ao que parece, para o colonizador.

Mais uma razão, dirão, para que ele se agarre, para que se oponha a qualquer mudança: ele pode, de fato, aceitar-se como monstro, aceitar sua alienação por seus próprios interesses. Mas não, nem isso. Se se recusa a deixar sua proveitosa doença, será mais cedo ou mais tarde a tal obrigado pela história. Pois, não esqueçamos, existe uma outra face do dístico: um dia, ele será forçado pelo colonizado a encará-la.

2. Necessariamente, chega o dia em que o colonizado reergue a cabeça e faz oscilar o equilíbrio sempre instável da colonização.

Pois, também para o colonizado, não há outra saída a não ser a consecução do fim da colonização. E a recusa do colonizado só pode ser *absoluta*, isto é, não apenas *revolta*, mas superação da revolta, ou seja, *revolução*.

Revolta: a simples existência do colonizador cria a opressão, e só a liquidação completa da colonização permite a libertação do colonizado. Muito se esperou das reformas, nestes últimos tempos, do bourguibismo, por exemplo. Parece-me que há equívocos aí. Se o bourguibismo significa proceder por etapas, jamais significou contentar-se com uma etapa, qualquer que seja ela. Os líderes negros falam atualmente em União Francesa. É ainda apenas uma etapa no caminho da independência completa, e, aliás, inevitável. Ainda que Bourguiba acreditasse no bourguibismo que a ele se quer atribuir, ou que os líderes da África negra acreditassem em uma União Francesa definitiva, o processo de liquidação da colonização os deixaria no meio do caminho. Os que têm menos de trinta anos já não compreendem mais a moderação dos mais velhos. Revolução: notou-se que a colonização matava materialmente o colonizado. É preciso acrescentar que ela o mata espiritualmente. A colonização falseia as relações humanas, destrói ou esclerosa as instituições e corrompe os homens, colonizadores e colonizados. Para viver, o colonizado precisa suprimir a colonização. Mas, para se tornar um homem, deve suprimir o colonizado que se tornou. Se o europeu deve aniquilar em si o colonizador, o colonizado deve superar o colonizado.

A liquidação da colonização é apenas um prelúdio para sua libertação completa: para a reconquista de si mesmo. Para se libertar da colonização, ele precisou partir de sua própria opressão, das carências de seu grupo. Para que sua libertação seja completa, precisa se libertar de suas condições, certamente inevitáveis em sua luta. Nacionalista, porque devia lutar pela emergência e pela dignidade de sua nação, precisará sagrar-se livre em relação a esta. É claro que poderá se confirmar nacionalista. Mas é indispensável que seja livre para essa escolha, e não que exista apenas por intermédio de sua nação. Precisará sagrar-se livre em relação à religião de seu grupo, que poderá conservar ou rejeitar, mas deve parar de existir apenas por intermédio dela. Assim também para o passado, a tradição, a etnicidade etc. Em suma, deve parar de se definir por meio das categorias colonizadoras. O mesmo vale para o que o caracteriza negativamente. A famosa e absurda oposição Oriente-Ocidente, por exemplo, essa antítese endurecida pelo colonizador, que assim instaurava uma barreira definitiva entre ele e o colonizado. O que significa, pois, o retorno ao Oriente? Se a opressão assumiu a figura da Inglaterra ou da França, as aquisições culturais e técnicas pertencem a todos os povos. A ciência não é ocidental ou oriental, como não é burguesa ou proletária. Só há duas maneiras de usar cimento, a boa e a ruim.

O que será então dele? O que é, na verdade, o colonizado?

Não creio na essência metafísica nem na essência caracterológica. Atualmente, é possível descrever o colonizado; tentei mostrar que ele sofre, julga e se comporta de certa maneira. Se deixar de ser esse ser oprimido e cheio de carências, externas e internas, deixará de ser um colonizado, tornando-se *outro*. Existem evidentemente permanências geográficas e de tradições. Mas talvez venha então a haver menos diferenças entre um argelino e um marselhês do que entre um argelino e um iemenita.

Uma vez reconquistadas todas as suas dimensões, o ex-colonizado se terá tornado um homem como os outros. Ao sabor da fortuna dos homens, é claro; mas será enfim um homem livre.

TÚNIS, PARIS, 1955-1956

O texto deste livro foi composto em Sabon, desenho tipográfico de Jan Tschichold de 1964 baseado nos estudos de Claude Garamond e Jacques Sabon no século XVI, em corpo 11/16. para títulos e destaques, foi utilizada a tipologia Frutiger, desenhada por Adrian Frutiger em 1975.

A impressão se deu sobre papel off-white pelo Sistema Digital Instant Duplex da Divisão Gráfica da Distribuidora Record